생각의 힘

창의력 있는 인재 만들기 프로젝트

생각의 힘

창의력 있는 인재 만들기 프로젝트

펴낸곳 서울대학교출판문화원
펴낸이 오연천
지은이 강석훈

초판 1쇄 발행 2012년 6월 5일
초판 3쇄 발행 2013년 3월 25일
출판등록 제15-3호

주소 서울시 관악구 관악로 1 우편번호 151-742
대표전화 02-880-5252
팩스 02-888-4148
마케팅 02-889-4424, 02-880-7995
이메일 snubook@snu.ac.kr
홈페이지 www.snupress.com
영문홈페이지 eng.snupress.com

ISBN 978-89-521-1326-9 03000

생각의 힘

창의력 있는 인재 만들기 프로젝트

강석훈 지음

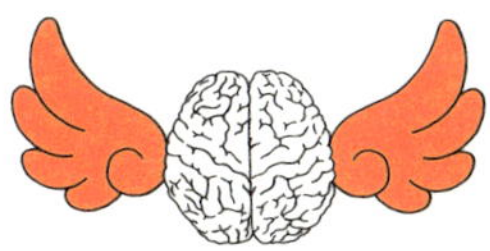

Power of Thinking

서울대학교출판문화원

들어가는 말

페이스북, 트위터, 스마트폰 그리고 구글, 이메일, 인터넷, 컴퓨터…… 이들은 두말할 것도 없이 21세기 문명을 이끌고 있는 IT 제품이자 사회 변혁에 기여한 일종의 문화 상품이다.

그러나 안타깝게도 이들이 보이는 또 다른 공통점은 새롭게 등장한 서구 문화의 상징임과 동시에, 창의력 빈곤국가 대한민국에서는 나오기 힘든 혁신적 창의물物이라는 점이다.

수영의 박태환 선수가 올림픽 금메달을 따고, 김연아 선수가 피겨 스케이팅 금메달리스트가 된 건, 모두 특출한 개개인의 능력에 기반한 성과였지, 나라 전체의 역량이라 하기엔 아직 부족한 것이 사실이다. 그러나……

6 · 25 전쟁의 참담한 현실을 극복하고, 국민소득 100달러도 채 안 되는 경제규모를 선진국의 반열에 올려놓은 것을 보면, 잠재해 있는 우리나라 사람들의 저력은 예상치를 훨씬 뛰어넘을 수 있다는 생각이 든다. 대체 무엇이 문제인가? 왜 우리나라에는 창의력을 갖춘 인재가 드문 것일까?

필자는 이에 대한 해답을 우리나라 전반의 교육풍토에서 찾을 수 있다고 생각한다. 정확히 말해 무의미한 경쟁을 조장하는 입시 위주의 교육과 이를 묵인하고 방조하는 나태한 교육자, 제 잇속 차리기에 급급한 이기적인 기업, 국가 백년대계에 관심 없는 한심한 정치가들이 이러한 총체적 난국의 주범이다.

미리 말하지만 필자는 교육 전문가가 아니다. 기껏해야 대학에서 의학을 전공하고, 드라마나 영화를 쓰는 학원을 다니며 글쓰기를 익힌 평범한 작가 지망생쯤 되는 인간이다. 다만 뜻하지 않게 의학교육 분야에 인연이 되어 모교에서 몇 년간 학생교육을 담당하는 일을 맡고 있을 뿐, 교육에 대해, 특히 우리나라 교육에 대해 날카로운 비판을 가할 만큼 명망 있는 교육 전문가도 아니다. 그러나……

필자 역시 우리나라에서 태어나 우리나라에서 교육을 받았다는 점에서, 적어도 교육 수요자의 시각으로 우리나라 교육에 대한 언급은 할 수 있을 것 같다. 책을 낼까 고민하던 필자가 용기를 얻은 대목이다. 비록 여러모로 부족하지만, 이 짧은 article이 우리나라 교육풍토를 개선할 수 있는 의미 있는 역할을 해 주었으면 하는 것이 필자의 작은 바람이다.

창의력을 키우고 싶은 학생, 직장인, 제자들을 창의력 인재로 키우고 싶은 선생님들에게 이 책을 전해 드린다.

2012년 5월 15일

서울의대 분관에서

강석훈

차례

창의성

스티브 잡스라는
천재를 기억하는가?
만약 그를 잘 모른다면
아인슈타인은 어떤가?

아인슈타인은 상대성이론을 발표한 천재 물리학자로 우리에게 잘 알려져 있다. 그는 시간과 공간이 절대성을 가진다는 기존의 근대물리학적인 개념을 부정하고, 시간과 공간이 관측자에 대해 상대적으로만 의미를 가진다는 당시로서는 획기적인 개념을 고안한 공로로 1921년 노벨 물리학상을 수상했다.

반면에 스티브 잡스는 비록 뛰어난 이론을 발표한 학자는 아니었지만, 스마트폰이라는 마술 방망이로 세상을 바꾸고 떠난 불세출의 영웅으로 유명하다.

스티브 잡스가 컴퓨터만 만들던 애플사社에 들어와 MP3를 만들어 보자며 직원들을 설득했을 때 모두가 반대했다는 일화는 잘 알려져 있다. 모두가 반대하던 사업이었지만 잡스는 아이팟이라는 제품을 만들어 미국의 MP3 시장을 석권하였고, 이후 컴퓨터와 핸드폰의 기능이 합쳐진 스마트폰의 원조격인 아이폰을 내놓으며 전 세계 IT산업을 주도하고 있다. 2012년 현재 애플사는 전 세계에서 가장 자산가치가 높은 기업이다. 한 사람은 천재 학자로, 다른 한 사람은 천재 발명가이자 경영자로 알려져 있지만 두 사람은 그 이전까지 누구도 생각해 내지 못한 새로운 개념을 제시했다는 공통점을 가지고 있다. 대체 그들은 남들과 무엇이 다른 것일까?

잡스의 유작인 애플의 아이폰 4S를 분해해 보니 부품가격만 195달러라는 분석이 나왔다. 이 부품의 80%가 우리나라 제품이라고 하니, 아이폰 한 대를 팔 때마다 우리 기업들에게 이익이 되는 셈이다. 그러나 내부를 자세히 들여다보면 사정이 다르다. 부품의 양과 가격이 비례하지 않기 때문이다. 아이폰 한 대 가격을 대략 500달러 정도라고 하면 아이폰 한 대를 팔 때 한국 기업은 고작 156달러156=195×0.8를 벌어들이고 있고, 나머지 305달러는 잡스의 애플사가 독식하고 있다. 이 정도면 확실히 잘났다고 말할 수 있다. 아니 멋지다. 남들이 종종걸음으로 힘겹게 세상을 살아갈 때, 창의력이란 날개를 달고 훨훨 하늘을 날아다니는 셈이다.

'경쟁자들이 도저히 따라올 수 없는 큰 격차를 벌이는 패러다임의 이동,' 이것이 바로 진정한 창의력의 모습이다. **기존의 상식을 뒤집고 새로운 것을 만들어 낼 수 있어야 제대로 된 창의력**이라고 부를 수 있다. 스티브 잡스는 그걸 해 냈기에 시대를 리드하는 천재로 등극할 수 있었고, 아인슈타인은 잡스보다 더하면 더 했지 결코 부족한 분이 아니다. 이 시점에서 필자는 한번 독자들에게 묻고 싶다. 과연 우리나라에서 한글을 창제하신 세종대왕 이후로 얼마나 많은 천재가 배출되었는가?

간혹 우리나라에도 노벨상 수상에 버금가는 훌륭한 업적을 쌓은 분이 계시다는 말은 들었다. 1977년에 돌아가신 고故 이휘소

박사영문명 Benjamin, W. Lee로 더 많이 알려짐는 입자물리학에서 세계적인 명성을 날렸고, 인류 최초의 달 착륙을 비롯한 각종 과학기술 발전에 지대한 영향을 끼친 NASANational Aeronautics and Space Administration에도 한국인 과학자가 100명이 넘는다는 뉴스가 들려온다.참고로 2008년에는 항공 연구 전체를 총괄 관리하는 NASA 항공연구담당 부국장으로 한국인 신재원 박사가 임명되기도 했다. 하지만 안타깝게도 아직까지 필자의 가슴에 확 와 닿는 천재, 스티브 잡스나 아인슈타인 혹은 세종대왕과 같은 시대를 앞서가는 천재는 배출되지 않았던 것 같아 무척 아쉽다.

솔직히 말해 땅 파도 기름 한 방울 나지 않는 우리나라가 이만큼이나마 잘살게 된 것은 성실과 근면, 끈기로 대변되는 선조들의 헌신 덕분이다. 우리 할아버지, 할머니, 아버지, 어머니들은 남들보다 한 시간 일찍 깨어나 일했으며, 더 부지런히 뛰어다녔고, 더 늦게까지 일했다. 주린 배를 달래며 주경야독을 일삼았고, 지쳐 쓰러지면 오뚝이처럼 다시 일어났다. 덕분에 450만 명의 희생자를 낸 6·25 전쟁의 폐허 속에서도 오늘날의 눈부신 경제적 발전을 이룰 수 있었다. 한강의 기적? 그건 오직 우리의 선조들이 지녔던 성실함과 근면함의 결과였다.

하지만 안타깝게도 이건 모두 지난날이요, 다시 돌아갈 수 없는 과거이다. 게다가 우리 앞에는 인공위성을 쏘아 올릴 수 있는 기술 선진국들이 즐비하고, 뒤편에는 중국과 인도, 브라질 등 무한한 잠재력을 가진 후발국가들이 꽁무니까지 쫓아오고 있는 실정이다. 이제는 경쟁자들이 절대로 따라올 수 없는, 차원이 다른 세계로 나아가야만 살아남을 수가 있다.

바야흐로 창의력이 가장 큰 무기이자 경쟁력인 시대가 도래하였다. 아무리 성실하고 근면해도 남의 꽁무니만 쫓다가는 제풀에 나가떨어질 수밖에 없다. **지금 이 순간 우리에게 가장 필요한 것은 혁신적이면서도 창의적인 그 무엇이다.** 애플이나 구글 혹은 페이스북이나 트위터 같은 것 말이다.

창의력 vs 창의성

먼저 창의력이란 것이 무엇인지 명확히 짚고 넘어가 보자. 옷을 입을 때도 첫 단추부터 잘 꿰어야 하듯 무슨 일이든지 맨 처음 시작할 때 용어나 개념에 대한 정의를 명확히 하는 것이 좋다. 그래야 나중에 혼동이 적은 법이다. 혹시라도 독자 중에 아직 사회 경험이 없는 어린 학생들을 위해 필자가 겪었던 경험을 간략히 소개한다.

필자가 대학 1학년 첫 미팅에서 겪은 일이다. 필자 앞자리에는 청순한 외모에 해맑은 목소리를 가진 미녀가 앉아 있었다. 자연스레 많은 남학생들의 관심이 쏠렸다. 공교롭게도 필자와 사는 동네가 같았다. 우리는 자연스레 서로에게 호감을 보이며 대화를 이어 나갔고 필자는 친구들의 부러움을 샀다. 필자가 낭패를 본 것은 10분 정도 시간이 지나서였다. 요점은 간단했다. 그녀는 '강남구 신사동'에 살았고, 필자는 '은평구 신사동'에 살았던 것이다. 그제야 필자는 그녀가 말했던 중·고등학교 이름이 왜 그렇게 낯설었는지 깨달을 수 있었다. 그때부터 둘 사이엔 어색한 기운이 흘렀고, 이상하게도 필자가 내뱉는 말마다 꼬이기 시작했다. 결국 그 여성은 다른 학생과 짝이 되고 말았다. 만약 처음부터 강북의 신사동인지 강남의 신사동인지만 확인했었다면 분위기가 어색하지도 않았을 것이고, 다른 쪽으로 대화를 풀어갔지 않았을까 하는 아쉬움이 오랫동안 필자를 괴롭혔다. 처음부터 개념을 명확히 하는 것은 이래서 매우 중요하다.

무슨 일이든 처음부터 개념을 명확히 하고 시작해야 한다

다시 처음으로 돌아가 우선 창의력의 개념에 대해 알아보자. 브리태니커 백과사전은 '창의력'을 "새로운 것을 만들어 내거나 발견해 내는 능력"으로 정의하고 있으며, 위키피디아는 "창조성, 창의력, 창조력 등의 여러 말로 사용되는 이 창의성을 정의하기란 복잡한 일이다."라고 전제하며 '창의력'을 "새로운 생각이나 개념을 찾아내거나 기존에 있던 생각이나 개념들을 새롭게 조합해 내는 것과 연관된 정신적이고 사회적인 과정"으로 정의하고 있다.

필자가 이것을 좀 더 쉽게 풀어 쓴다면 창의력이란 '문제'를 해결하는 데 있어, 구태의연한 방식이 아니라 패러다임을 넘어서는 '색다른 해결책'을 제시하거나, 제시하는 '능력' 정도가 될 것이다. 눈치가 빠른 독자들은 짐작하고 있겠지만 필자가 제시한 창의력의 개념은 '문제해결'이라는 것에 초점이 맞추어져 있다. 독자들은 '색다른'이라는 단어에 주목해 주었으면 한다. 나중에 설명이 나오겠지만 이 '색다름'이라는 것이 결국 창의성과 연관된다.

한편 서양에서는 꽤 오랫동안 'Creativity'를 신의 영역으로 취급하거나 영적인 과정의 일부로 여겼다. 그래서 많은 예술가들이 뮤즈MUSE: 그리스 신화에 나오는 예술을 관장하는 신 여신이 강림해야만 작품을 만들 수 있다고 믿었는데, 증기기관차나 전기와 같은 서구 문물을 개발한 사람들의 사고방식치고는 다소 의아한 일이 아닐 수 없다. 아무튼 서양에서 창의력이 인간의 인지認知 혹은 사고 과정의 하나로 간주되기 시작한 것은 고작 1950년대부터인데, 재미있는 점은 영어의 Creativity가 우리말로 '창의력創意力' 혹은 '창의성創意性'으로 번역이 된다는 사실이다. 적어도 동양에서는 수천 년 전부터 창의성과 창의력을 각각 다른 성질의 것으로 보았다고 해석할 수 있다. 한자는 수천 년 전에 만들어진 문자이다. 필자의 판단으로는 창의력力이 창의를 '이용'해 문제를 '해결'하는 실용적 개념이라면, 창의성性은 창의의 바탕이 되는 사람의 본성과 같은 개념은 아닐까 생각된다.

창의성에 대한 동서양의 다른 관점

서양(창의력=창의성)

동양(창의력≠창의성)

필자는 우리나라 교육이 창의력 있는 인재를 길러내지 못하는 이유가 바로 여기에 있다고 믿는다. 서양교육철학을 맹신하는 우리나라 교육자들은 Creativity에 내포된 창의력과 창의성의 개념 차이를 무시한 채 '창의성 교육'이네 '창의력 학습'이네 하면서 두 개념을 대충 뭉뚱그려놓은 어정쩡한 처방을 내렸다. 그렇기 때문에, 우리 교육이 스티브 잡스 같은 창의적인 인재를 배출할 수 없었다는 주장이다.

독자 중에 필자에게 구체적인 물증이 있냐고 물으신다면 '있다'고 대답하고 싶다. 아니 확실히 있다. 필자가 제시하는 물증은 바로 현재의 우리 교육, 즉 학생 간의 무한 경쟁을 조장하는 입시위주의 교육과 지식 전달 위주의 주입식 교육이다. 물론 이 두 가지 교육 형태의 문제는 이미 많은 뜻있는 교사들과 교육학자들이 누누이 지적해 온 것이다. 필자의 의도는 다만 이 두 가지 문제를 해결하지 않고서 교육에 창의성이나 창의력을 언급하는 것은 무의미한 공염불이란 소리이다. 왜 그것이 공염불이 되느냐에 대해서는 보다 구체적으로 이 책 안에서 다루어질 것이니 기대하길 부탁한다.

창의성이란?

그럼, 먼저 창의성이 무엇인지 자세히 알아보자.

아마 독자들도 목욕탕에서 사우나를 즐기던 중이거나 혹은 회식자리에서 안주를 씹던 도중 평소엔 꿈도 꾸지 않았던 기발한 사업 아이템예를 들면 애플의 아이폰과도 같은 것을 떠올렸던 기억이 한두 번쯤은 있었을 것이다. 물론 개중에는 아이디어를 숙성시켜 나중에 사업에 성공한 분도 계실 테지만, 대부분은 며칠만 지나도 내가 언제 그랬냐는 듯 까마득히 잊어버리고 바쁜 일상을 보냈을 것이다. 그러다 간혹 그 아이디어가 정말 괜찮았던 경우, 몇 년 후에 누군가에 의해 상품화되는 경우를 보게 될 때가 있는데, 그제야 '원래 그 아이디어는 내 거였다!' 주장해 봤자 닭 쫓던 개 지붕 쳐다보는 우스운 격이 된다. 문제는 대부분의 사람들이 이런 우스운 격에 포함된다는 것이긴 한데 결코 부끄러워할 일이 아니다. 뒤에서 설명하겠지만 이건 창의력이 부족한 문제이지 결코 창의성이 모자라서가 아니다.

레오나르도 다빈치처럼 걸작 미술품을 남겨야만 창의성을 가졌다고 부르는 건 아니란 말이다. 사람이 인생을 살다 보면 다양한 문제에 부딪힐 수밖에 없고, 이 문제를 해결하기 위해 단순한 아이디어라도 떠올리는 그 행위 자체가 바로 창의적이란 소리이다. 아무 곡조 없이 그저 흥에 겨워 부는 휘파람 소리에도 창의성이 녹아 있다고 보면 옳다. 좀 더 교육학적으로 표현하면 **창의성은 인간 본성의 하나로, 저절로 타고난 것**이며nature, 본성, 길러질 수 있는 것nurture, 양육이 아니라는 개념이다. 따라서 혹시라도 누군가 학생에게 창의성을 가르치겠다고 나서는 교육자가 있다면 적극 말리고 싶다. 본성이라는 것이 원래 쉽게 변하지 않기 때문이기도 하지만, 누군가 가르칠 수 있는 '지식'이 아니기 때문이다.

창의성은 본성(nature)이다

휘파람을 부는 목동

교향곡을 지휘하는 베토벤

우리 교육의 문제점은 여기에 있다. **창의성을 굳이 가르치려고 하니까 탈이다.** 학생은 먼저 자신에게 창의성이 있다는 것을 깨달은 다음, 그 창의성이 보다 잘 발휘될 수 있도록, 즉 본성이 잘 나올 수 있도록 스스로를 변화시키는 것이 올바른 순서이다. 한번 생각해 보라. 선생님이 도덕 수업시간을 늘린다고 학생의 인성이 나아질 수 있겠는가? 차라리 그 시간에 불우한 이웃을 찾아다니며 봉사활동을 경험하도록 하는 것이 백 배 낫다.

흔히 학생들이 학교를 다니면서 사회성을 배운다고 말하지만, 학교에서 '사회성'을 지식의 형태로 가르치는 경우는 없다. 이는 기본적으로 '사회성'이 인간 본성으로서 내재되어 있는 것에 기인하며, 또 사회성이라는 것이 학교 안에서 자연스럽게 다양한 사회적 경험을 하며 스스로 깨닫고 키워 나가야 하는 무형의 것이기 때문이다. 창의성 역시 마찬가지이다. 학교에서 '창의성'을 지식의 형태로 가르치는 것은 전혀 무의미한 일이다. 학교생활을 하면서 알게 모르게 창의성이 몸에 배도록 하는 것이 올바른 방법이다.

학교가 학생들의 창의성을 계발한답시고 스트레스를 주는 일은 우둔한 일이다. 가만히 놔둬도 아이들의 창의성은 저절로 자라난다. 물론 음악, 미술과 같은 시간을 경험토록 하는 것은 학생들의 창의성 계발을 위해 적극 권장할 일이다. 하지만 그게 전부가 아니다. 수업시간 동안 학생 개개인에게 내재되어 있는 창의성이 훼손되지 않도록 세심한 배려를 해 주는 것이 더욱 중요한 일이다. 이를 위해 학생들을 붙잡아 놓는 '수업'의 형식을 빌리기보다는 학생들 스스로 뭔가를 고민하고 표현할 수 있도록 '자율학습'의 형식을 빌리는 것이 훨씬 좋다.

그러나 이때 유의할 점은 단순한 시간적 여유 이외에도 마음의 여유를 반드시 주어야 한다는 사실이다. 원래 대부분의 교육자들은 학생에게 뭔가를 교육했으면 반드시 평가를 해야 한다는 강박에 시달린다. 의도는 좋지만 자칫 학생들을 성적순으로 줄 세우는 꼴이 되어 결과적으로 학생들의 마음의 여유를 빼앗는 우愚를 범할 수 있다. 학생이 마음의 여유를 잃는다는 것은 창의성을 갉아먹히는 것과 다름없는 일이다. 따라서 만약 '자율학습시간'을 주었다면, 평가를 하지 말아야 하며, 굳이 평가를 하겠다면 성적과 무관하게 단순한 피드백을 위한 평가를 해야 한다. 전문용어로는 이런 종류의 평가를 formal test라고 부른다. 그것이 학생들의 창의성을 온전히 보전하는 유일한 길이기 때문이다.

좋은 피드백은 단순히 잘못된 점을 지적하는 데 그치지 않는다. 학생들이 배우는 과정에 어떤 어려움을 겪고 있지는 않은지 혹은 좌절을 느끼고 있지는 않은지도 파악하고 있어야 하며, 학생의 잘못을 지적할 때도 학생 자체가 아니라 학생이 한 '행위'에 초점이 맞추어져 있어야 한다. 이것은 흔히 학생이 잘못을 저질렀을 때에도 통용이 되는데, 예를 들어 철수라는 학생이 실수로 교실 유리창을 깼다고 할 때, "철수야, 네가 잘못했어!"라며 질책하기보다는 "철수야, 네가 유리창을 깬 행위는 잘못된 거야."라며 '행위'에 초점을 맞추어 지적을 하라는 의미이다. 물론 피드백에는 반드시 선생님과 학생 상호 간의 신뢰라는 기본 전제가 깔려 있어야 한다. 그래야만 학생들은 선생님의 말을 잘 이해하고 또 믿고 따를 수 있기 때문이다.

어떤 학생들이 더 창의성을 키울 수 있을까?

자율학습시간

무늬만 창의성 교육 제대로 된 창의성 교육

여담이지만 몇몇 똑똑한 동물을 관찰하면 '창의성'이 오롯이 인간만의 전유물은 아닌 것도 같다. 비버는 나무와 흙을 이용해 댐을 쌓고, 유인원은 나무나 돌로 간단한 도구를 만들 수 있기 때문이다. 더구나 최근엔 '무리 지어 살며' '무리 안에 위계가 존재하는' 다양한 동물의 존재가 밝혀지면서 '사회성'마저도 인간의 전유물이 아닐 것이라는 주장이 대두되고 있는 실정이다. 필자 역시 창의성을 인간만의 고유한 본성이라고 주장할 수 없는 분위기인 것을 인정한다. 하지만 분명한 것은 창의성이란 것은 분명 뮤즈가 강림한 선택된 사람만이 가지는 신비스런 무엇이 아니라, 마치 식욕이나 성욕이 동물의 본성인 것처럼 모든 인간이 가진 본성이라는 점이다. 과거 아리스토텔레스가 "인간은 사회적 동물이다."라고 말했듯, 그리고 데카르트가 "인간은 생각하는 동물이다."라고 말했듯 필자는 "인간은 창의적 동물이다."라고 부르짖고 싶은 이유이다.

생각의 힘

What is α?

무한 경쟁이 펼쳐지는 21세기의 세계에서 우리나라가 잘 살 수 있는 유일한 방법은 창의력을 기르는 일이라는 데 이견이 없을 것이다. 그런데 이 창의력이란 것이 좀 복잡해 보인다. 어떻게 보면 창의성과 별반 다름없는 것처럼 보이기도 하고, 필자의 주장대로라면 창의성과는 다른 무언가라는 생각이 들기도 할 것이다. 대체 창의력이라는 것은 무엇일까?

결론부터 미리 말하자면 창의력이라는 것은, 인간과 동물의 본성이라고 할 수 있는 창의성에 인간만이 할 수 있는 뭔가가 포함된 복합개념이다. 아예 **"창의력" = "창의성" + "α"**와 같은 간단한 공식으로도 표시할 수 있다. 또한 창의성이 저절로 타고난 것이라면nature, 본성, 창의력은 길러질 수 있는 것nurture, 양육이라는 점에서 서로 다르다.

여기까지 읽었다면 독자 입장에서는 이 'α'가 무엇인지 궁금할 것이다. 추측하건대 아마도 'α'에는 '인간의 지성' 혹은 '인간의 지혜' 등이 두루 포함될 수 있겠지만 이에 대한 결론은 잠시 미루어 두겠다. 앞으로 나오는 설명을 듣다 보면 독자 여러 분도 자연스럽게 'α'가 무엇인지 깨닫게 될 것이니 말이다.

우선 필자가 잘 아는 모 의과대학의 수업시간을 소개할까 한다. 놀랍게도 전국에서 내로라하는 수재와 천재가 득실거리는 이곳이 학생들의 창의력을 말살시키는 대표적인 장소이다.

아침 9시. 1교시 수업이 시작되면 교실 형광등은 꺼지고 칠판 위에 설치된 거대한 스크린 위로 화려한 파워포인트 화면이 비춰진다. 강단에 선 의과대학 교수가 파워포인트 화면 위에 일목요연하게 정리된 문장을 빠르게 읽어 나가기 시작하면, 학생들은 노트북에 미리 다운로드 한 파일을 실행시키고 주요 대목은 직접 파일에 타이핑하는 방식으로 수업을 듣는다.

창의성이 실종된 우리의 교실

이런 종류의 수업은 마치 100미터 달리기 경기처럼 단 1초의 쉼 없이 진행되다가 대개 주어진 수업시간을 몇 분 초과해야만 끝이 나는 것이 예사이다. 한 쪽은 수업 내용을 전달하느라, 한 쪽은 수업 내용을 받아 적느라 바쁘다 보니 서로 간에 질문이라고는 고작 출석을 부르는 게 전부이다. 참으로 우리다운 우리만의 수업 방식이다. 이런 종류의 수업에서 선생님의 역할은 지식을 잘 정리해서 전달하는 일에 국한되어 있다. 따라서 좋은 선생님이란 주어진 시간 동안 한 자라도 더 지식을 전달하는 분이 되며, 좋은 학생이란 한 자라도 더 잘 받아 적는 학생이 되고 만다.

학생 입장에서 볼 때 수업은 수업대로 듣고, 공부는 도서관에서 따로 하는 셈인데, 생각하면 할수록 참 시간적 여유가 많은 학생들이다. 어차피 학생이 해야 하는 모든 공부는 암기이고 또 그 암기를 바탕으로 한 이해이므로 굳이 수업을 잘 들을 필요가 없을지도 모른다. 심지어 공부는 시험 직전에 몰아서 해도 되고어쩌면 그래야만 학점이 더 높을 수도 있다. 운이 좋으면 시험 전 풀어 본 족보작년 시험문제 같은 것만 보고도 시험을 잘 치를 수 있으니 어떻게 공부를 하든 별로 중요하지 않다. 단지 평가만 잘 받으면 된다고 믿는다면, 그들의 생각이 옳은지도 모르겠다.

하지만 안타깝게도 교육education이라는 것이 단순히 지식을 전달하는 것이 아니라는 사실을 학생들은 아직 모르고 있다. 교육이 단순히 선생님의 가르침teaching으로 끝이 난다면 누구나 교육을 할 수 있겠지만, 실제로 교육이란 선생님의 가르침과 더불어 학생의 학습learning을 통해 달성되는 것이다. 조금 극단적으로 표현해서 **'교육 받은 후 학생의 능력'에서 '교육 받기 전 학생의 능력'을 빼었을 때 생기는 △ 값이 양수 값(>0)을 가져야만 한다**는 뜻이다. **즉, 교육이 제대로 이루어졌다면 학생의 능력은 반드시 향상되어야 한다**는 것이다.그러니까 학생들이여 제발 공부 좀 31

실제로 상당수 의과대학에서 본과 1, 2학년 동안 지식 전달형 교육을 받은 학생들이 정작 배운 것을 활용해야 하는 본과 3, 4학년 임상실습기간 동안 기초적인 의학지식마저 새까맣게 잊은 채 길 잃은 양이 되어 병원 안을 헤매는 경우를 흔히 볼 수 있다. 물론 똑같이 지식 전달형 교육을 받았다 하더라도 암기력이나 응용력이 매우 뛰어난 경우는 예외에 속하겠지만, 대부분의 단순 암기 위주로 공부한 학생들은 배운 지식을 실제 환자에게 적용하는 능력이 부족하기 마련이다. 이렇게 된 가장 큰 원인은 우선 학생들의 공부 방식에서 찾아야겠지만, 지식 전달형 교육이 보다 근본적인 원흉이라는 것은 부인할 수 없다.

우리 교육의 문제는 이러한 수업 방식이 비단 의과대학에만 그치지 않는다는 것이다. 대부분의 학교 선생님들이 가르치는 수업은 '지식 전달형' 수업이다. 학생들이 뭔가를 생각하게 만드는 수업이 아니라, 백과사전처럼 쌓여 있는 지식을 전달하는 수업이다. 물론 앞서 설명했지만 같은 지식 전달형 교육을 받았어도 응용력이 뛰어난 학생은 상관이 없다. 문제는 이런 공부 방식에 길들여진 나머지 대다수의 학생들이다. 이들은 어렸을 때부터 지식 전달형 수업에 익숙해지면서 점차 자신의 힘으로 공부하는 방법을 잃어버리게 된다. 그러니 수업시간은 필기를 베끼는 시간으로 전락하고, 진짜 공부는 도서관에서 혼자 하게 되는 악순환을 너무나 당연한 것으로 받아들이고 있다. 이러한 주장은 단순히 필자만의 생각이 아니다. 아래 기사는 필자와 유사한 생각을 가진 연구자들이 우리나라 대학생들의 학습과정의 실태를 분석한 연구결과를 심포지엄에서 발표한 내용이다.

기사 1

한국 대학생의 학습과정 실태

한국 대학생의 학습과정 실태 분석 결과

"대학생들 교수와 대화 안 한다"

딱딱한 이론전개보다는 실제 사례를 제시하고, 시청각 매체를 활용하며, 체계적인 설명이 뒤따르는, 그래서 교사와 학생들 간의 질의응답이 이어지는 '재미있고 좋은 수업'을 많은 학생들이 고대하고 있다. 그러나 아직도 국내 많은 대학 강의실에서는 표현력 없는 교수진에 의해 학생들을 피곤하게 하는 이론중심적이고 비논리적인 '졸리고 나쁜 수업'이 계속되고 있는 것으로 지적됐다.

2012년 3월 23일 서울 프레스센터 기자회견장서 '대학교육 성과 제고의 방향과 과제'란 주제로 열린 제2회 KEDI-KAERA 교육정책 국제심포지엄(한국교육개발원, 재미한인교육연구자협회 공동 주최)에서 교육개발원 유현숙, 임후남, 서영인 연구원은 한국 대학생의 학습과정 실태 분석 결과를 발표했다.

2011년 6월 14일~7월 2일 제주도를 제외한 전국 15개 시 · 도에 있는 50개 4년제 대학 재학생 2천19명을 대상으로 설문조사를 실시한 결과에 따르면 한국 대학생들의 수업 만족도와 수업 참여도 역시 기대치에 훨씬 못 미치고 있는 것으로 조사됐다. 수도권 소재 대학 재학생이 729명, 비수도권 소재 대학 재학생이 1천290명이고 국공립대 재학생이 483명, 사립대 재학생이 1천526명이었다.

전공과목을 가르치는 수업의 경우 (학생들이 힘들어하는) 기억수준을 강조한다는 응답이 '매우 그렇다' 16.1%, '그렇다' 47.6%로 63.7%에 달했다. 학습량 과다의 경우도 '매우 그렇다'는 응답이 18.0%, '그렇다'는 응답이 37.5%로 55.5%에 달했다. 더 심각한 것은 많은 학생들이 지적 호기심을 느끼지 못하고 있다는 점이다. 학생들에게 지적 호기심에 대해 물어본 결과 62.5%가 '그렇다'와 '매우 그렇다'고 응답했지만 37.5%는 '그렇지 않다' 또는 '전혀 그렇지 않다'라고 응답해 열 명 중 4명에 이르는 학생들이 지적 호기심이 부족한 상태에서 지루한 수업을 경험하고 있는 것으로 나타났다.

(중략)

그 결과 우리나라 대학생들은 전공 공부나 수업 준비를 충실히 하지 않고 있으며, 수업시간에도 매우 수동적인 것으로 나타났다. 조사 결과 1주일에 전공 관련 공부를 하는 시간이 2~4시간이라는 대학생이 15.1%로 가장 많았고 8~10시간이라는 응답이 14.7%, 4~6시간이라는 응답이 14.3%로 매우 적은 시간을 전공 공부에 할애하고 있었다. 전공 외 학습시간에 대해서도 4~6시간이라는 응답이 15.8%로 가장 많았고 30분 이하라는 응답이 15.6%에 달했으며, 2~4시간이 14.5%, 1~2시간이 11.8% 순이었다.

"질문은 안 하고 노트필기에 매달려"

'읽기나 숙제를 다 마치고 수업에 참여하느냐'는 질문에서는 '거의 안 한다'가 19.2%, '가끔 한다'가 45.4%에 달했고, '자주 한다'는 27.7%, '매우 자주 한다'는 7.7%에 머물렀다. 수업 중 질문을 하느냐는 질문에는 '거의 안 한다'가 22.9%, '가끔 한다'가 47.4%였고, '자주' 및 '매우 자주 한다'는 응답은 29.7%에 불과했다. 반면 노트필기를 자주 한다는 응답은 '자주'가 36.1%, '매우 자주'가 38.6%로 많은 학생들이 노트필기를 하는 수동적인 방식으로 수업에 참여하고 있는 것으로 조사됐다. 이는 질문을 하는 등 적극적인 참여는 하지 않은 채 노트필기에 전념하는 수업 분위기를 의미한다.

(중략)

교육개발원 유현숙 고등교육연구본부장은 "중 · 고교와 비교했을 때 대학 수업의 특징은 능동적인 자율과 책임인데 한국 대학생은 매우 수동적인 대학 생활을 하고 있다"며 "대학교육의 질과 창의성을 높이기 위해 교육적 관점에서 수업 분위기를 변화시켜 나갈 필요가 있으며, 대안을 모색하기 위한 후속 연구가 진행돼야 한다"고 말했다.

이강봉 편집위원 | aacc409@naver.com
저작권자 2011.06.24 © ScienceTimes
(http://www.sciencetimes.co.kr/article.do?todo=view&atidx=0000051810)

생각의 힘이란?

사람마다 생각이 다르겠지만 필자는 '지식 전달형 교육'의 반대가 **'생각을 키우는 교육'**이라고 생각한다. 물론 우리나라 선생님들이 이런 교육을 하지 않는다는 말이 아니다. 나름대로 열심히는 하시고 계시지만 지금의 교육 행태로는 2% 부족하다는 주장이다.

그럴 수밖에 없는 것이 원래 '생각'이라는 것이 우리가 쉽게 눈으로 볼 수 있는 유형의 물질이 아니기 때문이다. 따라서 선생님들로서는 일단 학생이 스스로 자신의 '생각'을 '말'이나 '글'로써 표현하게 한 다음, 이 '말'이나 '글'을 통해 학생을 평가하는 간접적인 방식으로 학생들의 생각하는 힘을 평가할 수밖에 없는 상황에 처한다. 아이러니컬하게도 바로 그렇기 때문에 우리 교육이 문제인 것이다. 무슨 말이냐? 가르치는 선생님이나 배우는 학생이나 관심이 온통 생각을 키우는 교육의 **산출물**이라고 할 수 있는 **언변**

(말)이나 **작문(글)에만 치중**해 있어, 정작 학생들의 '생각'을 키우는 일에는 아무런 관심이 없다는 뜻이다. 필자는 바로 이 점에 주목하고 있으며, 눈에 보이지 않는 학생들의 '생각'을 눈으로 볼 수 있도록 만들어 선생님들과 학생들의 시야를 밝혀 드리고 싶은 것이 최종 목표이자 바람이다.

필자의 이런 착한 의도는 일단 뒤로 하고, 그럼 우리 학교의 수업시간에서 선생님들이 어떻게 학생들의 생각을 키울 수 있는지 알아보자. 다시 한 번 의과대학 수업시간으로 돌아가 보겠다. 때마침 강단에 서 있는 우리의 의과대학 교수는 올해 처음으로 강의를 맡은 햇병아리 신임교수이다. 교육에 대한 순수한 열정 때문일까? 아니면 요즘 학생들의 분위기를 파악하지 못한 미숙함 때문일까? 신임교수는 뜬금없이 학생들을 향해 이런 질문을 던진다.

교수 : 이런 경우 담당 의사는 쉽게 약물치료를 하지 않고 왜 굳이 어려운 수술을 선택해야 했을까요? 한번 손 들고 답해 보세요.

학생 : ……

응급수술을 하느냐, 약품을 투약하면서 환자의 증세가 호전되는 것을 기대하느냐 하는 선택의 기로에 선 상황이다. 의사로서는 하루에도 몇 번씩 이런 고민을 해야만 하기 때문에 의과대학생에게는 매우 중요한 질문이 아닐 수 없다. 물론 아직 학생의 수준에서는 다소 어려운 판단이 되겠지만, 지금까지 배운 수업 내용을 떠올려 보면 어느 정도는 답을 유추할 수 있는 수준의 문제이다.

생각의 힘을 키우려는 교수 VS 생각의 힘을 거부하는 학생들

강의실을 둘러보니 몇몇 학생이 자기들끼리 쑥덕거리며 어느 정도 감을 잡고 있는 것도 같고, 수석입학을 한 학생 하나는 눈

을 반짝거리며 느긋한 미소를 짓고 있는 것도 같다. 그런데 웬걸? 대답하는 학생이 없다. 어느덧 시간은 30초를 지나 1분, 2분이 후다닥 지나고 말았다.

일종의 집단 무관심이라고 할까? 한마디로 분위기가 썰렁하다. 정답을 아는 학생 한 명이라도 손을 들고 발언을 해도 될 듯한데, 모두 약속이나 한 듯 꿀 먹은 벙어리마냥 앉아만 있다. 패기 넘치던 신임교수의 콧잔등에 어느덧 굵은 땀방울이 하나씩 맺히기 시작한다. 어디선가 학생들의 노트북 타이핑 소리가 들리기 시작하고, 조금 지나니 스마트폰을 잡은 수백 개의 손가락이 바삐 움직이기 시작한다.

> "그냥 자기가 정답을 이야기하면 될 텐데 왜 저러지?"
> "얼마나 기다리면 답을 가르쳐 줄까?"
> "괜히 입 열었다간 수업이 길어져서 화장실 갈 시간도 없을 거야."
> "대체 우리에게 무슨 대답을 기대하시는 걸까?"

학생들의 이런 행태는 딱히 반항이라고 규정할 수도 없는 애매한 상황인데, 필자는 바로 이것이 생각이 실종된 수업의 전형적인 예시라고 생각한다. 그림(생각이 자라 나오는 교실, p. 41)을 보면 좀 더 쉽게 이해가 될 것이다. 교수가 학생들에게 질문을 던진 후 각각 1분과 5분 동안 학생들의 답변을 기다리는 모습이다. 학생들이 머리에 고깔모자를 하나씩 쓰고 있는 것을 볼 수 있는데, 이 고깔모자는 학생들의 머릿속에서 자라 나오는 '생각'을 의미한다고 치자.

대부분의 학생들은 맨 처음 교수의 질문을 받는 순간부터 생각을 하기 시작한다. 고깔모자가 자라기 시작한다. 그러면 당연히 시간이 지날수록 학생들의 생각은 점점 자라 나오게 되고 물론 아무런 생각을 하지 않는 것이 아니라, 질문에 답하려고 생각을 했을 때의 일이다. 1분보다는 5분이 되었을 때 학생들이 도달할 수 있는 생각의 키 높이는 당연히 더 높아지게 된다. 중간에 생각을 포기하지 않고 꾸준히 노력했을 때의 일이다. 그리고 만약 이때 학생들이 도달해야 할 정답을 별표라고 하면, 모든 학생들의 고깔모자가 여기까지 자라나는 것이야말로 가르치는 사람의 최고의 바람일 것이다.

당연하겠지만 학생이 가지고 있는 사전지식의 수준 혹은 지능에 따라 학생마다 정답에 도달하는 시간은 천차만별일 것이며, 심지어 아무리 시간을 주어도 답에 도달하지 못하는 학생도 있을 수 있다. 그런데 여기서 이렇게 가정해 보자. 만약 선생님이 매우 인내심이 부족한 분이어서 학생들에게 질문을 던진 뒤 3~4초 만에 정답(별표)을 발설하는 성격이라면 수업을 듣는 학생들의 생각(고깔모자)에는 과연 어떤 일이 벌어지게 될까?

독자들은 최소한 1분 동안 이 페이지를 뒤로 넘기지 말고 필자가 제기한 의문에 대한 답변을 생각하길 바란다. 바로 지금 이 순간 독자의 머릿속에서도 고깔모자처럼 생긴 '생각'이 자라 나오고 있다.

생각이 자라 나오는 교실

1분 후

생각의 힘이 뛰어난 학생(주황 고깔모자)의 경우 1분 만에 정답에 도달한다.

5분 후

세 명의 학생이 정답에 도달했지만, 아직 다른 다섯 명의 학생들은 헤매고 있다.

먼저 지금 이 글을 읽는 독자들은 앞 페이지에서 필자의 질문에 대해 충분히 생각을 한 것으로 믿고 싶다. 혹시라도 앞 페이지에서의 질문에 아무런 고민 없이 이 페이지를 펼친 독자가 있다면, 다시금 돌아가 단 1분 만이라도 진지한 마음으로 생각에 몰두하여 고민하길 바란다. 그래야만 이 책의 제목이기도 한 '생각의 힘'이 무엇인지 이해할 수 있기 때문이다.

그렇다. 생각도 잘하려면 연습이 필요하다. 만약 위의 예시처럼 선생님이 학생에게 질문을 던진 다음 너무 빨리 정답을 가르쳐 준다면, 학생들은 필연적으로 스스로 생각하는 연습시간을 갖지 못하게 된다. 처음 한두 번이야 상관없겠지만 이것이 반복되면 매우 위험한 결과를 초래하고 만다. **학생들은 차츰 자기 머릿속으로 하는 생각을 멈추게 될 것이고 궁극적으로는 아예 생각하는 법을 완전히 잃어버릴 것이기 때문이다.** '생각이 자라 나오는 것' = '높이뛰기'라고 가정하면 좀 더 쉽게 이해가 된다. 다시 말해 '학생들에게 질문을 던진 후 3초 만에 정답을 발설하는 행위'는 '높이뛰기 수업에서 학생들이 뛰어넘어야 할 바bar는 제쳐놓고 옆에서 '제자리 토끼뜀 뛰기 연습을 시키는 행위'와 매우 유사하다.

안타깝게도 지금 이 순간 우리나라의 초 · 중 · 고등학교와 대학교의 상당수 선생님들은 인내심이 턱없이 부족하여 혹은 수업

시간이 너무 짧다는 것을 핑계 삼아, 그것도 아니면 친절한 인상을 주기 위해 학생들에게 질문을 던진 지 불과 3초도 못 기다리고 정답을 발설하고 있다. 만약 초등학교 때부터 고등학교를 졸업할 때까지 이어지는 모든 수업시간을 '높이뛰기' 연습시간이라고 한다면 선진국 학생들이 도움닫기, 점프 같은 고급기술을 연마하는 동안 우리 학생들만 제자리 토끼뜀 뛰기에 시간을 허비하는 셈이다. 생각만 해도 끔찍한 일이 아닐 수 없다. 이렇게 자라난 학생들의 허벅지 근육이 어떻게 변형됐을지는 안 봐도 알 것 같다.

게다가 무려 12년 동안 학생들에게 토끼뜀만 연습시켜 놓고선 어느 날 갑자기 올림픽에 나가서 높이뛰기 금메달을 따라고 종용한다면, 어디 말이나 되는 소리인가? 한마디로 후안무치厚顔無恥: 뻔뻔스러워 부끄러움이 없음스런 일이 아닐 수 없다. 생각해 보라. 초 · 중 · 고등학교 학창시절 동안 단 한 번도 생각하는 힘을 기르지 않은 학생이 어떻게 대학에서 자율적인 공부를 하거나 창의적인 연구를 할 수 있겠는가? 혹은 빌 게이츠나 스티브 잡스처럼 기발한 아이디어를 현실화시키는 기업인이 될 수 있겠는가?

요즘 학생들은 마치 어릴 적부터 토끼뜀에 길들여진 높이뛰기 선수와 같다. 학생들은 선생님으로부터 질문을 받으면 생각의 높이뛰기를 통해 정답을 추론하는 것이 아니라, '얼마나 버티면 이 작자선생님가 정답을 말할까?'에 골몰하며, 심지어 그렇게 고생해서선생님이 답을 이야기할 때까지 버텨서 얻은 답을 아무런 의심 없이 정답이라고 믿는다. 그리고 그걸 달달 암기하며, 이것이 진정한 공부라고 믿는 어리석음을 가지고 있다. 한술 더 떠 일부 학생들은 학생들에게 생각의 힘을 기를 기회를 주기 위해서 정답을 늦게 가르쳐 주는 훌륭한 선생님을 꼴통으로 여기기도 하는데, 생각하면 할수록 실로 어처구니없는 현실이 아닐 수 없다.물론 선생님들은 적절한 시점에 학생들에게 정답이나 피드백을 제공해야 한다.

학생들 스스로 생각의 힘을 기를 수 있도록 도우려는 좋은 의도를 가진 '생각하는' 선생님이라면 일단 학생들에게 질문을 던지고 나서, 끈질긴 인내심을 가지고 최소한 1분, 길게는 5분 정도 정답을 발설하지 말아야 한다. 그래야만 학생들이 자신의 생각을 성장시킬 수 있는 시간적 여유를 가질 수 있고, 그래야 '생각하는 근육'에 힘을 기를 수 있는 것이다.필자가 말하는 생각하는 근육은 '두뇌'를 의미한다. 착오가 없었으면 한다.

물론 앞서 언급한 젊은 의과대학 교수처럼, 대부분의 선생님들은 학교에 발령을 받고 나서 처음 얼마 동안은 학생들의 생각의 힘을 키우는 데 열심히 노력하신다. 그러나 학생들의 시큰둥한 반응에 상처를 받으면서 조금씩 매너리즘에 빠지게 되고 그러면서 자기도 모르게 초심을 잃고 다른 교수들처럼 지식 전달형 수업 방식에 익숙해지는 것이다.

필자가 주장하는 '생각의 힘'은 교과서에 쓰여 있지도 않고, 또 책을 혼자 읽는다고 해서 배울 수 있는 것도 아니다. '생각의 힘'이란 **학생들이 초등학교 때부터 경험하는 한 시간 한 시간의 수업시간 동안 길러지는 무형의 가치이다.** 그래서 교육하는 선생님과 공부하는 학생들도 그 가치를 잘 모르고 있는 것이다. 아무리 똑똑하고 재능이 있던 학생이라고 해도, 만약 어린 시절부터 일방적인 지식 전달형 수업을 받다 보면, 혹은 '생각의 힘'을 기를 수 있는 시간적 여유를 주지 않는 선생님에게 길들여진다면, 그 학생의 '생각의 힘'은 무력해지고 퇴화할 수밖에 없다는 것을 깨달아야 한다.

이제는 우리의 수업도 달라져야 한다. 〈지식〉을 '전달'하는 교육이 아니라 〈생각의 힘〉을 '기르는' 교육이 되어야 한다. 그러기 위해 학생들은 수업시간에 질문하는 버릇을 기르는 것이 좋다. 질문을 하려면 당연히 그 전에 스스로 생각을 해야만 하기 때문이다. 필자가 이렇게 주장하는 데는 믿을만한 근거가 있다. 아래 기사는 우리나라 대학에서 학생을 가르치고 있는 세계 유수 석학들이 한 일간지와 인터뷰한 내용인데, 필자의 주장과 일맥상통하고 있다.

기사 2

[자본주의 4.0 제3부 – 교육에 답이 있다]

◎ 해외 석학들이 본 한국 대학교육

해외 석학 87명 설문 – "한국 학생 질문 잘해" 7%뿐, 질문 많이 하는 美 학생은 창의적인 인재로 성장… 교과서 벗어나야 혁신 가능
대학, 산업화 시대 인력만 양산 – 일방적 지식 전달에만 치중, 독창적 · 혁신적 사고 못 키워… 교육이 잠재력 끄집어내줘야

카이스트에서 해양시스템공학을 가르치는 전(前) 노르웨이 공과대학의 폴 베르간(Bergan) 교수. 조선해양 분야에 적용되는 기초과학의 세계적 석학인 그는 2009년 9월 처음 한국 대학에서 수업을 하면서 당황했다고 한다. 강의시간에 학생들이 말을 듣기만 하고, 토론은커녕 아예 질문조차 하지 않았기 때문이다. 학생들의 호기심을 자극하려고 오히려 그가 "혹시 궁금한 것 없느냐" "이해 안 되는 내용은 무엇이냐"고 물었지만, 1~2명 정도만 질문할 뿐이었다.

본지가 한국연구재단에 의뢰해 한국 대학에서 연구 • 강의하는 해외 석학(碩學) 87명을 대상으로 설문한 결과, "한국 학생들이 수업시간에 질문을 자주 한다"고 답한 비율은 6.9%에 지나지 않았다. 그동안 가르쳐 본 외국 학생과 한국 대학생을 비교할 때 "한국 학생이 더 적극적으로 질문한다"고 대답한 석학은 단 2명(2.3%)이었다.

일방적 지식 전달형의 이 같은 한국식 대학교육은 산업화 시대 인력을 키울 수는 있을지 몰라도, 대학생 전반의 지적(知的) 수준과 창의력을 업그레이드 하고 혁신과 새로운 부가가치를 창출하는 자본주의 4.0시대에는 맞지 않는다고 그들은 지적했다.

질문 없는 강의실

스웨덴 왕립과학원 회원으로 노벨위원회 물리위원장을 역임한 스웨덴 예테보리대 물리학과 매츠 존슨(Jonson) 교수(건국대 초빙교수)도 "한국 학생들은 매우 큰 꿈을 꾸고 열심히 공부하는데도, 강의나 토론을 할 때 질문하기를 망설여 깜짝 놀랐다"고 했다. "기존 학문에 도전하고 비판하지 않는 학생들이 자라서 세계를 이끌 사회 · 경제 · 문화적 혁신을 이끌 수 있을지 모르겠다"고도 했다.

'고용 없는 성장' 구조로 고착화된 자본주의 3.0시대와는 달리, 자본주의 4.0시대에는 창의적 인재가 나와 사회적 부가가치와 새로운 일자리를 창출해 나가야 한다. 이를 위해서는 기존 산업구조와 학문의 틀을 깨기 위해 경쟁하는 인재들이 배출돼야 가능하다. 미국의 기업과 정부, 대학에서 연구하며 학생들을 가르친 경험이 있는 카이스트 인문사회과학부 조지 퍼스트(Furst) 교수는 "미국 학생들은 교수가 준비한 강의 내용을 벗어나는 질문도 마구 던져 교수와 학생 모두가 새로운 시각에서 공부할 수 있다"고 말했다.

해외 석학들은 듣기만 하는 한국 대학생들의 수업 태도는 초 · 중 · 고교부터 주입식 교육을 받아왔기 때문이라고 분석하기도 했다.

주입식 교육을 통해 배출된 인력은 자본주의 3.0시대에는 생존할 수 있지만, 미래 사회는 전혀 다른 인재상(像)이 요구된다고 외국인 교수들은 지적했다. 조지 퍼스트 교수는 "현재 한국은 국가적 과제로 새로운 아이디어를 내고 이를 산업과 연결하는 것이 매우 중요하다"며 "초 · 중 · 고교에서 '시험 준비'를 위한 공부만 하고, 대학 강의도 이렇게 진행되면 새로운 아이디어를 기대할 수 없다"고 말했다.

김연주 기자(carol@chosun.com), 감혜림 기자(kam@chosun.com) | 입력 2011. 12. 12 03:03

http://news.chosun.com/site/data/html_dir/2011/12/12/2011121200226.html

정말 안타깝게도 2012년을 살고 있는 우리나라의 학생들은 수업시간에 토끼뜀을 뛰는 데 익숙한 학생들이 대부분이다. 원래 그렇게 태어나지 않았다고 하더라도 십여 년간 그렇게 길들여져 버렸다. 학생들을 이렇게 만든 건 정말 씻지 못할 원죄를 저지른 것이라고 할 수 있다. 지금 이 순간 선생님이 정답을 이야기하지 않는 5분 동안, 잡담이나 딴 생각을 하지 않고 자신만의 생각의 힘으로 스스로 정답을 찾으려 노력하는 학생이 과연 몇 명이나 될지 궁금하다. 또한 이런 학생들이 있기 위해서는 결국 학생들이 질문을 하게끔 유도하는 강의가 전제가 되어야 하는데, 과연 이런 종류의 강의를 하시는 선생님이 우리나라에 몇 분이나 계실지…….

하지만 이런 식으로 따지면 우리나라 교육이 안고 있는 문제의 책임소재는 닭이 먼저냐 달걀이 먼저냐 하는 무한게임으로 전락한다. 이래서는 절대로 문제가 해결되지 않는다. 이것저것 다 고려해 보았을 때, 결국에는 모든 변화의 시작과 주체는 학생들 자신이 되어야 한다는 것이 필자가 내린 결론이다. 그도 그럴 것이 본래 학생은 돈을 내고 학교에 가는 사람이기 때문이다. 식당으로 치면 선금을 내고 음식을 주문하는 손님인 셈인데, 교육 공급자인 선생님과 교육 수요자인 학생의 입장이 똑같을 순 없지 않은가? 이제부터라도 주인 눈치 보며 맛없는 식사로 대충 배를 채울 것이 아니라, 당당하게 맛있고 배부르고 영양가도 높은 음식을 달라고 강력히 요구해야만 한다. 이것이야말로 바로 지금 이 순간 우리나라에서 공부하는 모든 학생과 학부모들이 함께 짊어져야 할 명백한 권리이자 의무인 것이다.

생각의 힘을 갉아먹는 사지선다 방식의 객관식 문항

독자들도 잘 알다시피 언제부턴가 우리네 초 · 중 · 고등학교 그리고 의과대학에서 치러지는 대부분의 시험은 사지선다 방식의 객관식 문항들이 주류를 이루고 있다. 가끔 등장하는 주관식 문항이라고 해 봤자 암기형의 단답식 문항이 대부분이라 단어 몇 개 끼적거리는 요식행위 수준이다. 학생들의 '생각의 힘'이 얼마나 성장했는지, 학생들이 배운 내용에 대해 어떤 생각과 관점을 가지고 있는지를 가늠할 수 있는 수준은 아니라고 생각한다.

따지고 보면 사지선다 방식의 객관식 문항은 의외로 장점이 많은 괜찮은 평가 방법이다. 주관식 문항에 비해 채점에 들어가는 비용과 시간을 절약할 수 있고, 평가자의 영향을 받지 않기 때문에 더욱 객관적인 결과를 얻을 수 있다. 따라서 의사국가고시 혹은 대학수학능력시험과 같이 많은 응시자가 동시에 응시하고, 또 응시자가 일정 수준 이상의 지식을 가졌는지를 평가하는 능력평가시험이라면 사지선다 방식을 선택함으로써 얻는 유 · 무형의 장점이 더 많다고 할 수 있다.

다만 이때 유념해야 할 것은 응시자를 단순히 성적순으로 서열화해서는 안 된다는 점이다. 의사국가고시라면 의사가 될 만한 충분한 지식을 가지고 있는지 측정하는 것이 주된 목적이며, 대학수학능력시험의 경우 대학에서 공부할 만한 능력이 있는지를 평가하는 것이 주된 목적이기 때문이다. 따라서 일정 수준 이상의 학생들에 대해서는 굳이 서열을 나눌 필요가 없는 것이다. 굳이 학생들을 서열화시키려면 필기시험 이외의 다른 잣대를 들이대어야 옳다. 예를 들어 실기시험이나 혹은 면접시험과 같은 부류의 시험이 해당된다.

다행히 의사협회에서는 의사국가고시 결과를 가지고 응시자를 서열화하는 무모한 행위는 하지 않고 있지만, 대학수학능력시험의 경우는 속칭 '등급제'라는 것을 만들어 간접적인 서열화를 꾀하고 있다. 만약 대학에서 응시생들을 제대로 평가하려고 한다면 당연히 대학수학능력시험에서 일정 수준 이상의 능력을 갖춘 학생들을 대상으로 면접을 통해 학생들의 '생각의 힘' 혹은 '인성' 등을 평가하는 것이 옳겠지만, 비용이 많이 들고 효용성이 떨어진다는 현실적인 이유로 제대로 시행되지 않고 있다. 대학수학능력시험에 도입되어 있는 **'등급제'는 경제논리와 대학의 편의를 위한 제도일 뿐** 시험에 목숨을 걸도록 내몰리는 학생들에 대한 배려는 어디에도 찾아볼 수 없는 아주 불합리한 제도이다.

그럼 도대체 이러한 사지선다 객관식 문항이 대체 어떤 방식으로 '생각의 힘'을 갉아먹는다는 소리인지 자세히 살펴보자. 그림(차원이 다른 블록 집짓기)는 두 아이에게 장난감 블록을 주고 집짓기를 시켜 본 결과이다. 독자가 보기에 둘 중 어느 집이 더 튼튼해 보이는가?

누가 봐도 당연히 10세 아이의 집이 더 낫다고 말할 것 같다. 10세 아이가 중세 시대의 성을 지어 놓았다면 2세 아이는 곧 허물어질 모래성을 쌓았다. 고작 장난감 블록 집짓기에 불과한 놀이지만 두 아이가 가지고 있는 경험과 지식을 포함한 모든 면에서 차이가 명확히 드러나고 있다. 그런데 만약 여기서 아이들이 단순히 '집'을 지은 것이 아니라 자신만의 '생각의 탑'을 쌓았다고 가정하면 어떨까?

차원이 다른 블록 집짓기

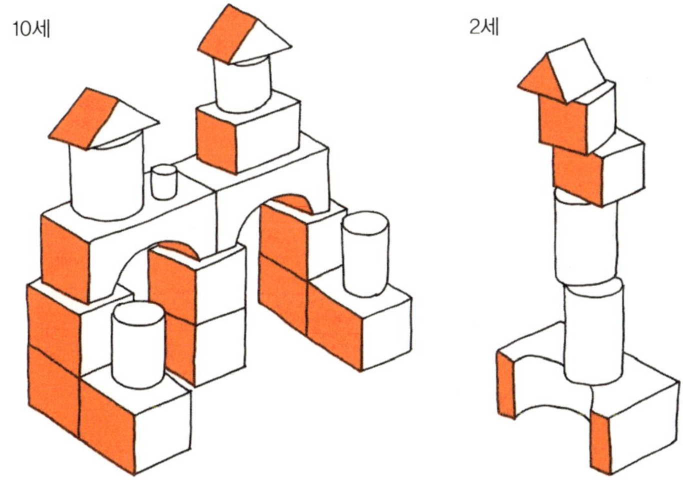

이 경우 장난감 블록 하나하나는 '생각'이 되고, 블록을 연결하는 접착제는 '생각'과 '생각'을 잇는 '인과관계' 혹은 '논리'가 될 것이다. 잘 쓰러지지 않는 튼튼한 '집' 혹은 '탑'을 지으려면, 먼저 쉽게 타거나 부서지지 않는 '블록'을 골라야 하며, 그런 다음 이 블록들을 쓰러지지 않도록 순서대로 잘 배열해 쌓고 또 각각의 블록을 시멘트나 접착제로 잘 연결해야 하는 것처럼 아이가 '생각의 탑'을 쌓으려면, 먼저 하나의 '생각'을 고르고 이것들을 차근차근히 쌓으며 서로를 '논리'적으로 연결해 나아가야 한다는 말이다.

예를 들어 '공자는 죽었다(A)'라는 생각과 '모든 사람은 죽는다(B)'는 생각 그리고 '공자는 사람이다(C)'라는 생각을 살펴보자. 다행히 각각의 생각(블록)에서 특별한 문제점은 보이지 않는다. 공자는 죽었다는 것은 역사적 사실이고, 사람이 죽는다는 것도 누구나 인정하는 사실이다. 또 두말할 것 없이 공자는 사람이니까 말이다.

일단 생각을 골랐다면 다음으로는 이것을 잘 연결해야만 한다. 아래 보기와 같이 A, B, C 세 가지 생각은 모두 여섯 개의 연결 형태가 가능하다. 하지만 그중에서 논리적으로 가장 잘 연결된 것은 (3)번이 된다. 대전제인 A와 소전제인 B, 결론인 C의 순서가 삼단논법이라는 기본적인 논리 틀에 잘 들어맞기 때문이다. 이러한 논리의 틀을 연역법이라고 부른다.

(1) '공자는 죽었다(A)'→ '모든 사람은 죽는다(B)'
→ '공자는 사람이다(C)'

(2) '공자는 죽었다(A)'→ '공자는 사람이다(C)'
→ '모든 사람은 죽는다(B)'

(3) '모든 사람은 죽는다(B)' → '공자는 사람이다(C)'
→ '공자는 죽었다(A)'

(4) '모든 사람은 죽는다(B)' → '공자는 죽었다(A)'
→ '공자는 사람이다(C)'

(5) '공자는 사람이다(C)' → '공자는 죽었다(A)'

→ '모든 사람은 죽는다(B)'

(6) '공자는 사람이다(C)' → '모든 사람은 죽는다(B)'

→ '공자는 죽었다(A)'

(1)과 (4)의 경우 '공자는 사람이다(C)'라는 결론을 도출하기 위한 전제의 내용이 빈약하며, 공자가 사람이라는 다른 증거가 결론 도출 전에 추가되어야 하고, (2)와 (5)의 경우도 '모든 사람은 죽는다(B)'라는 결론을 도출하려면 공자 이외의 다른 사람도 죽는다는 증거가 결론 도출 전에 추가되야 하므로 역시 전제가 빈약하다. (6)의 경우 '공자는 죽었다(A)'라는 결론을 도출하려면, 공자가 죽었다는 기록과 같은 증거가 추가로 제시되어야 논리적이 된다.

결국 A, B, C 각각의 생각은 옳다고 하더라도 이 생각들을 연결하는 '인과관계' 혹은 '논리', 다시 말해 블록을 연결하는 시멘트나 접착제가 어떠한가에 따라서 '생각의 탑'의 모양이 달라진다는 주장이다. 위의 예시에서 (3)의 보기는 튼튼히 쌓은 생각의 탑이고 다른 보기는 허술하게 쌓은 생각의 탑이란 말이다.

너무나도 당연한 것을 가지고 왜 이렇게 호들갑을 떠느냐고 생각하겠지만 이것은 대단히 중요한 발견이다. 필자가 앞서 주장했던 '창의력 공식'에서 나오는 'α'의 정체가 바로 이처럼 작은 '생각'들을 하나하나 이어 붙여 자신만의 '생각의 탑'을 쌓는 것이기 때문이다.

여기까지 수긍할 수 있다면 다음 그림(생각의 탑 쌓기)에 등장하는 두 명의 아이를 눈여겨보자. 두 아이에게는 "등대 모양을 닮은 탑을 쌓아 보시오."라는 문제가 동시에 주어졌다.

생각의 탑 쌓기

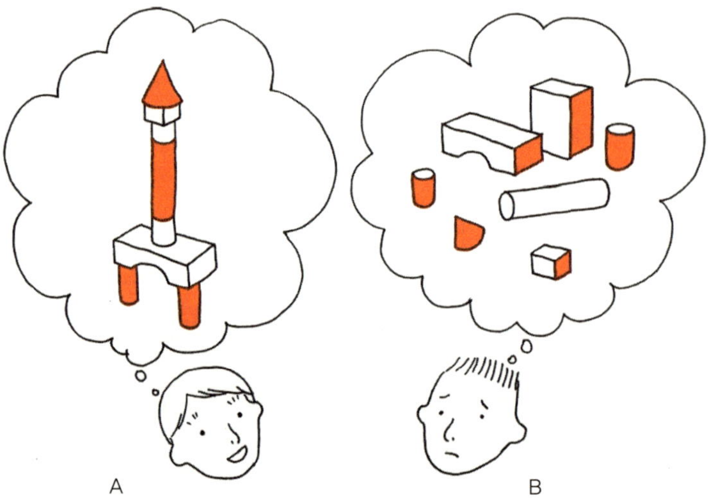

앞의 그림을 보니 어떠한가? '생각의 힘'이 강한 아이(A)와 그렇지 않은 아이(B)가 쌓는 탑의 모습이 똑같을 수 없다는 데 동의하는가? A아이가 머릿속에 자신만의 독특한 탑을 쌓는 동안, B 아이는 어떻게 탑을 쌓아야 할지 아직 손도 못 대고 있는 형국이다. 당연하지만, 주관식 문항으로 두 아이를 평가한다면 이미 승패는 정해졌다.

그러나 만약 문제를 "다음 보기 중 등대 모양을 닮은 탑은 무엇인가?"와 같은 사지선다 방식의 객관식 문항으로 바꾼다면 어떨까? 아이들의 생각하는 힘에는 어떤 변화가 생길까? 정답이 표시된 그림(사지선다의 예시, p. 58)를 보기 전에 여기서 잠시 책장을 덮고 먼저 답을 떠올려 보자.

사실 지금 이 순간에도 당신은 생각의 높이뛰기를 하고 있는 중이다. 아무리 생각해도 답이 잘 떠오르지 않는다면 당신의 생각은 제자리에서 토끼뜀을 하고 있는 것이다. (웃음) 하지만 그렇다고 스스로를 너무 자책하지 말기 바란다. 당신이 그런 생각 방식에 익숙해 있다는 반증일 뿐이니까. 오늘부터라도 당장 생각의 높이뛰기 연습을 시작한다면, 내일쯤 야트막한 담장 정도는 당신도 쉽게 뛰어넘을 수 있을 것이다.

사지선다의 예시

그럼, 이제부터 다시 그림(사지선다의 예시)에 대한 설명을 하겠다. 아마도 그림(생각의 탑 쌓기, p. 56)의 A아이처럼 이미 자신의 머릿속에 등대 모양이 자리 잡혀 있는 경우라면 쉽게 정답이 1번임을 알아낼 수 있을 것이다. 하지만 자기 머릿속에 등대의 형태를 전혀 떠올지 못하는 B아이의 경우는 위 그림(사지선다의 예시) 네 개의 보기 중에서 25%의 확률로 정답을 찍을 수밖에 없다. 결국 자신의 머릿속에 아무런 생각이 없어도 네 개의 문항 중에서 적어도 한 개는 맞힐 수 있는 셈이 되는데, 바로 이 부분이 사지선다 시험문항이 초래하는 심각한 문제점인 것이다.

필자가 표현력이 부족한 관계로 무슨 소리인지 잘 이해가 안가는 분들을 위해 좀 더 상세히 설명하겠다. 원래 사지선다 방식의 객관식 문항을 풀 때는 다음 Box 안의 예시와 같이 두 가지 방식이 있다. 첫 번째 방식은 A아이처럼 '문항을 읽고 자기 머릿속에서 먼저 자기만의 정답을 떠올린 다음, 답가지를 읽고 그중에서 자기가 생각한 정답이 있는지 찾는 방식'이고 두 번째 방식은 B아이처럼 무작정 '답가지를 모두 읽어 본 다음 그중에서 정답을 고르는 방식'이다.

사지선다 문항풀이의 예시:

A 아이 : 문항 읽기 → 자기만의 정답 떠올리기 → 자기 정답과 답가지를 비교하기

B 아이 : 문항 읽기 → 답가지를 읽고, 답가지끼리 비교하기

또한 시험문제를 출제할 때도 A아이의 문제풀이 방식을 적용시킬 수 있는데, 이런 방식으로 출제된 문항은 'Cover the Option'이라 해서 답가지를 손으로 가린 채 정답을 떠올릴 수 있는 문항에 속한다. Cover the Option의 예시, p. 60을 참조 이런 문항은 주로 '암기형' 문항보다는 '문제해결형' 문항으로 구성되어 있는 것이 대부분이다. 반대로 B아이의 문제풀이 방식을 적용시킨 문항은 대부분 '암기형'이나 '해석형' 문항이 된다. 객관식 문항이라고 하더라도 'Cover the Option Rule'을 따르는 경우, 학생들이 자신의 머릿속에 먼저 자신의 생각을 떠올릴 수 있게 되는 셈이다. 비록 객관식 문항이지만 그나마 학생들의 생각하는 힘을 평가할 수 있는 것

Cover the Option의 예시

마당에 닭과 염소가 놀고 있습니다. 닭의 다리를 세어 보니 8개, 염소의 다리를 세어 보니 12개가 있었습니다. 닭과 염소는 각각 몇 마리일까요?

1) 닭 2마리, 염소 2마리
2) 닭 3마리, 염소 2마리
3) 닭 4마리, 염소 3마리
4) 닭 4마리, 염소 4마리

← 답가지를 손으로 가려도 문제를 풀 수 있다.

이다. 실제로 의사국가고시의 경우 근래 들어 모든 시험문제가 이런 방식으로 출제되고 있다. 물론 의사국가고시의 경우 최선을 정답을 찾는 문제해결형 문항이 유독 많이 출제되는 특수한 경우이긴 하다.

하지만 안타깝게도 우리나라 선생님들이 출제하는 대부분의 사지선다 객관식 문항은 이 Cover the Option Rule을 따르지 않고 있으며, 적어도 의과대학에서 출제하는 교내시험 문제의 경우 더욱 그렇다. 그 결과 학생들은 생각의 근육을 이용해 '자신만의 생각의 탑'을 세운 다음 답가지에 쓰여 있는 '남의 생각의 탑'과 비교하는 방식이 아니라, 그저 답가지에 쓰인 '남의 생각의 탑'들을 비교 분석한 다음 그중에서 가장 그럴듯한 탑을 고르는 방식으로 문제를 풀게 된다. 마치 처음부터 그것이 자기 머릿속에서 나온 생각이었다는 착각에 빠져서 말이다.

다음 Box 안의 예시 문항은 김소월 시인의 '진달래꽃'의 주제를 묻고 있다. 어떻게 시의 주제를 답가지에 제시한 네 가지 중에서만 고를 수 있겠는가? 답가지 간의 차별성이 부족하다는 점은 문제 삼지 않더라도 학생들이 발휘할 수 있는 상상력의 폭을 사지선다 답가지 안으로 좁혀 놓는 건 분명히 문제가 있다. 선생님이 일일이 평가하기 힘들겠지만 그래도 학생이 생각하는 주제를 쓰게 하고 그 이유를 달도록 하는 것이 더 올바른 평가방법이라고 생각한다.

사지선다 문항의 폐해

다음은 김소월 시인의 '진달래꽃'이라는 시다.
[나 보기가 역겨워 가실 때에는 말없이 고이 보내 드리오리다. 영변에 약산 진달래꽃 아름 따다 가실 길에 뿌리오리다. (후략)]
다음 중 이 시의 주제는?

1) 이별
2) 사랑
3) 희망
4) 절망

"넷 중에 고르시오" 이런 문제 내지 마시오. 발췌
김신영 기자 | sky@chosun.com | 입력 2010.09.09 03:00

필자가 지적하고 싶은 점은 어릴 적부터 이런 잘못된 문제 풀이 습관을 익힌 아이들이 어른이 되어서도 **'생각'이라는 것을 '자기 스스로 생각의 탑을 쌓는 행위'로 여기지는 않는다**는 점이다. 이들에게 자기 '생각'이 무엇인지 물어보면, 우물쭈물하며 그저 남이 쌓아 놓은 생각의 탑 중에서 가장 그럴듯한 것을 골라 선택하려고만 든다. 한마디로 자기 생각이나 주관이 없고 주변 눈치만 보고 있다. 내 의견을 만드는 것이 아니라, **주변에서 누군가 그럴듯한 해석을 내려 주길 바라고만 있는 셈**이다.

특히 인터넷이 발달하면서부터는 이런 풍조가 더욱 심해졌다. 학생들에게 어떤 문제를 해결하라고 숙제를 내주면, 스스로 노력해서 자신만의 '생각의 탑'을 쌓는 것이 아니라 '남들이 잘 쌓아 놓은 생각의 탑을 찾아내는 것'으로써 숙제를 대신하는 웃지 못할 촌극이 전국적으로 벌어지고 있다. 이 경우 아예 생각하는 힘이 없는 학생들보다는 낫겠지만 만약 이 학생들이 찾아낸 남의 생각이 틀린 것이라면, 학생 입장에서는 큰 낭패를 볼 수밖에 없다. 이런 과정이 반복될수록 학생 스스로 생각하는 힘은 점점 떨어지고 생각의 근육은 퇴화할 수밖에 없게 되는 것이다.

이런 학생들이 졸업 후 사회에 나오면 어떤 어른이 될지 빤히 보인다. **귀가 얇아** 각종 유언비어에 쉽게 들썩이면서자기 생각이 없으므로, 매사에 **줏대 없이 이랬다저랬다** 할 뿐만 아니라남의 생각, 즉 답가지 사이를 오락가락하는 것 자신의 결정이나 행동이 어디까지 미치는지 **헤아리지 못하고 일단 저지르고 보는**사지선다 문항에서 답을 찍는 행위 행위를 할 수밖에 없게 될 것이다. 이 학생의 졸업 학점이 4.0이면 무엇하겠는가? 창의적인 인재가 되겠는가? 나라와 기업이 정말 필요로 하는 생각의 힘이 센 사람이 되겠는가?

더욱 큰 문제는 이토록 **생각의 힘이 약한 학생들이 정규교육의 테두리 안에서는 매우 우수한 인재로 분류되고 심지어 각종 전문직은 물론 사회의 요직을 차지하고 있다**는 사실이다. 텔레비전에 가끔 등장하는 권력형 비리 같은 것이 단적인 예이다. 공인이라면 당연히 하지 말아야 할 일을 서슴지 않는 일부 공직자들을 보면, 이건 공직자 윤리의 문제라기보다 애초부터 '생각의 힘'이 부족해서라고 밖에는 도저히 받아들일 수 없는 경우가 허다하다. 가슴 아프고 씁쓸한 현실이 아닐 수 없다.그렇다고 그런 사람들의 윤리가 올바르다는 말을 하려는 것이 아니다. 오죽 생각하는 힘이 부족했으면, 나중에 국민으로부터 준엄한 심판을 받을 일을 저질렀냐는 말이다. 한마디로 '헛똑똑이'란 소리이다.

결론적으로 사지선다 방식의 객관식 문항은 학생이 생각하는 습관을 기르는 데 방해가 된다. 따라서 의사국가고시나 대학수학능력시험과 같은 절대평가를 목표로 하는 시험을 제외한 일반

학교의 시험에서는 적극 지양해야 할 것이다. 아무리 훌륭한 객관식 문항이라 할지라도 결국에는 학생의 창의성을 답가지 내부로만 좁혀 놓을 수밖에 없기 때문이다. 창의성이 뛰어난 학생일수록 이러한 답답함을 견디지 못할 것이며, 결국 우리 교육이 창의력 있는 인재를 배출하는 데 크나큰 걸림돌이 될 것이다. 다음은 미국에서 시행 예정인 '학력평가 개혁'에 대한 기사인데, 필자의 주장이 결코 혼자만의 의견이 아니라는 걸 발견하게 될 것이다.

기사 3

"넷 중에 고르시오" 이런 문제 내지 마시오

美 '사지선다형 시험' 폐지 3,900억 들여 학력 평가 개혁

미 교육부가 2일 사지선다형(multiple choice test) 시험을 전면 폐기하는 '학력평가 개혁'에 착수한다고 밝혔다. 종래의 평가시험 개념을 180도 뒤집는 이번 개혁은 단순 지식을 측정하는 사지선다형 시험을 버리고, 실생활 속 문제해결 능력을 측정하는 실용적 · 다면적 학력평가로의 전환이다. 안 덩컨(Duncan) 미 교육부장관은 2일 교육부 홈페이지에 올린, '버블 테스트(OMR카드시험)를 뛰어넘다: 다음 세대를 위한 학력평가'라는 제목의 글에 "오늘 우리는 미국 공공교육의 새 이정표가 될, 연방정부 차원의 새로운 시험 개발에 착수한다"고 밝혔다. 덩컨 장관은 이 프로젝트를 '학력평가 2.0(Assessments 2.0)'이라고 명명했다. 새 시험은 우선 영어와 수학 과목에 적용된다.

미 교육부는 2014년 가을학기부터 도입될 이번 '학력평가 2.0'에 3억 3,000만 달러(약 3,900억 원)의 예산을 투입한다. 공모를 통해 선정된 '대학과 사회생활 준비를 위한 학업평가 연합'(25개 주 연합 · 1억 7,000만 달러 지원) 및 '현명하고 균형 잡힌 학업평가 컨소시엄'(31개 주 연합 · 1억 6,000만 달러) 등 두 개의 조직이 구체안을 마련하게 된다. 총 50개 주 중 44개 주(12개 주는 양쪽 컨소시엄 동시 참여)가 이 프로젝트에 동참했다. 교육부는 2014년 양측이 도출한 구체안 중 하나를 선택, 유치원 및 초 · 중 · 고등학교에 적용한다는 계획이다.

뉴욕타임스는 "학력평가 2.0의 기본 방향은 무엇을 배웠는지가 아닌, 무엇을 할 수 있는지를 평가하자는 것"이라고 전했다.

종이가 아닌 컴퓨터를 통해 시험을 치르며, 인터넷 검색을 통해 보고서를 작성해야 하는 문제도 출시된다. 디지털 매체 사용 능력, 수업시간에 배운 지식을 실생활 속 문제해결에 얼마나 적용할 수 있는지가 주요 평가 요소다. 도형 면적을 계산해 맞는 '숫자'를 고르라고 하는 대신, 가상의 도시를 주고 기하학 지식을 총 동원해 공원과 호수를 배치하라고 주문하는 식이다. 컴퓨터로 답안을 제출하면 실시간으로 학생의 수준이 평가되며, 이에 따라 다음 문제 난이도가 다르게 출제된다.

이날 교육부가 예시한 수학 문제. 학생이 문제를 클릭하자 열기구 비행 시뮬레이션 프로그램이 뜬다. 마우스로 다양한 무게의 '가상 물건'을 클릭해 싣는다. 열기구가 천천히 내려간다. 학생은 열기구 고도를 측정하고 풍선의 부피를 기록한다. '문제: 열기구를 띄울 때, 무게와 고도의 관계를 계산할 수 있는 공식을 도출하라.' 제한 시간은 60분이다.

덩컨 장관은 "지난 19개월간 만난 교사, 학부모, 학생들은 사지선다형 시험을 치르기 위한 단순하고 쓸데없는 지식을 가르치고 배우느라 너무 많은 시간이 들어간다고 불만을 터뜨렸다"고 말했다.

현재 미국에선 조지 W 부시 행정부 때 마련된 '낙오방지법(No Child Left Behind)'에 의거한 영어 · 수학 학력평가 시험을 주별로, 학년 말에 1회씩 치르고 있다. 개선안은 주별 시험을 하나로 통합하고, 수업 현장에 바로 적용할 수 있도록 학기 중에 시험을 여러 번 실시하는 방안도 포함한다. 스탠퍼드대 후버연구소 빌 에버스(Evers) 박사는 LA타임스에 "새 시험이 도입되면 학생들은 광범위한 영역의 지식과 다각적 사고를 기르게 될 전망"이라며 "관건은 이처럼 복잡한 시험 문제를 객관적이고 일관적으로 평가할 수 있는 기준을 마련하는 것"이라고 말했다.

김신영 기자 | sky@chosun.com | 입력 2010.09.09 03:00

http://news.chosun.com/site/data/html_dir/2010/09/04/2010090400115.html

생각을 한다는 것

앞서 필자가 언급했듯이 창의성은 인간이 아닌 동물도 가질 수 있는 본성이며, 이것이 창의력이 되려면, 생각하는 힘, 즉 'α'가 필요하다. 좀 심하게 표현하면 인간이 인간다워지려면 반드시 이 'α'가 있어야 한다. 이 'α'가 없다면 인간도 동물과 별반 차이가 없다는 말이다.

프로메테우스가 인간에게 불을 선물했던 것처럼 필자는 독자들에게 이 'α'를 선물하고 싶은 것이 솔직한 심정이다.

물론 필자의 의견에 반대하시는 분이 분명히 계실 것이다. 다양한 의견을 두루 섭렵하는 것이 옳으니까 필자도 부정하고 싶진 않다. 하지만 만약 필자가 백발자국 양보해서 동물 역시 인간과 똑같이 생각할 수 있다고 하자. 과연 인간과 동물이 똑같은 방식으로 생각하고 있을까?

결론부터 말하자면 필자는 인간과 동물은 이미 그 출발점부터 서로 다른 방식으로 '생각한다'고 생각한다. 아래에 예시를 들어 설명해 보겠다. 그림(원숭이가 바나나를 손에 넣는 방법)과 같이 바나나가 도르래에 걸쳐진 로프에 매달려 있는 경우를 생각해 보자. 원숭이는 바나나를 먹기 위해 A(집게가 달린 막대기), B(칼), C(의자) 중 하나를 이용할 수 있는 상황이다. 만약 원숭이가 현재 상황을 '바나나가 허공에 매달려 있는 것'으로 인식한다면 어떤 일이 벌어지게 될까? 이해를 돕기 위해 살짝 힌트를 드리자면, 모든 생각은 문제인식에서 출발한다는 데 주목하자. 여기서 잠깐! 지금 혹시 당신의 시선이 자신도 모르게 옆 페이지를 훑으며 정답을 찾고 있는가? 그렇다면 1분 만이라도 눈을 감고 '생각'에 집중해 보자.

원숭이가 바나나를 손에 넣는 방법

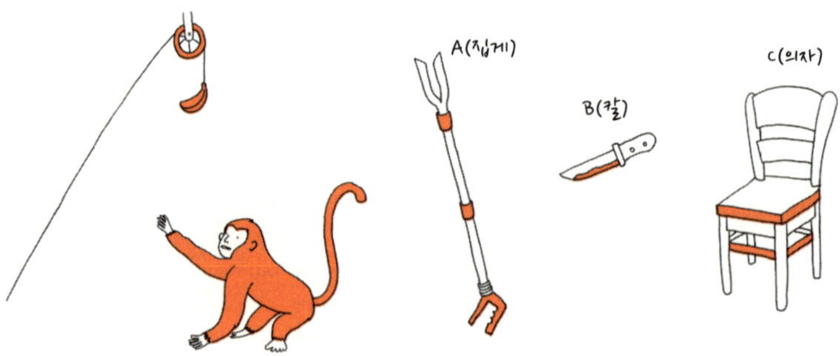

그렇다. 만약 원숭이가 생각의 첫 출발점인 문제인식 단계에서 '바나나가 허공에 매달려 있는 것'으로 현 상황을 이해했다면, 아마도 A(집게)를 이용해 바나나를 붙잡거나, C(의자) 위에 올라가 바나나를 손에 넣을 것이다. 하지만, 만약 원숭이가 '로프가 도르래에 걸쳐 있다는 것'을 깨달을 수만 있다면? 아마도 B(칼)을 이용해 도르래 아랫부분의 로프를 잘라 손쉽게 바나나를 얻을 수도 있을지도 모른다.

다시 말해 '문제인식'의 내용이나 수준에 따라 '문제해결'의 방법이 달라진다는 것이다. 인지능력의 차이가 결국 문제인식에 영향을 주고, 그 결과 문제해결 방식도 바뀌게 되는 셈이다. 물론 당연히 문제인식에는 지능이나 경험 혹은 관찰력의 차이 등이 두루 영향을 미칠 수 있는 점은 고려해야 한다. 뿐만 아니라 '생각한다'는 것이 항상 문제를 해결한다는 것과 일치하진 않을 수 있다. 옛 추억을 떠올리며 고향을 '생각'한다고 할 때, '문제해결'의 의미는 어울리지 않기 때문이다. 따라서 이 책에서 필자가 언급하는 '생각한다'라는 것은 앞서 설명한 창의성의 개념과 연관되는 부분에만 국한토록 한다.

아무튼 이런 '문제인식'이 문제해결의 '시작'이라면 문제해결의 '끝'은 '해결책 제시'겠고 그 중간과정, 즉 해결책을 도출하는 방법은 크게 두 가지로 나눌 수 있다. 그중 하나가 '본능'이나 '직관'에 의존하는 방법이라면, 다른 하나는 '논리' 혹은 '추론'에 의존하는 방법이다. 필자가 주목하는 점은 동물이 문제를 해결하는 데 있어 '문제인식 → 직관 → 해결책 제시'의 한 가지 프로세스를 밟는 데 반해 인간들은 '문제인식 → 직관 → 해결책 제시' 혹은 '문제인식 → 논리적 추론 → 해결책 제시'의 두 가지 프로세스를 모두 밟을 수 있다는 사실이다.

전자가 오랜 경험이나 본능에 의존하는 방법인데 비해, 후자는 '생각의 힘'으로 촉진되는 과정이다. 물론 인간 역시 동물에 속하기 때문에 문제해결에 '직관'을 사용한다. 실제로 과학자들도 논리적 추론으로 도저히 풀 수 없던 문제를 직관적인 방식으로 해결해 내기도 했다. 목욕을 하다가 금속의 밀도를 재는 법을 발견한 아르키메데스Archimedes: 기원전 287-212의 일화는 직관에 얽힌 유명한 전설이다.

아르키메데스가 살던 당시의 왕이었던 헤이론은 대장장이에게 순금을 주고 왕관을 만들라고 지시했다. 얼마 후 대장장이가 순금을 녹여 멋진 왕관을 만들어 바쳤는데 공교롭게도 대장장이가 순금의 일부를 빼돌려 가짜 왕관을 만들었다는 소문이 돌기 시작했다. 이에 헤이론 왕은 아르키메데스에게 왕관의 가짜 여부를 조사하라는 임무를 주었다. 왕관을 다시 녹여 금의 무게를 재면 되는 간단한 문제였지만, 왕은 왕관을 손상시키지 않아야 한다는 까다로운 전제 조건을 달았다. 며칠 동안 아무런 답을 찾지 못하던 아르키메데스는 우연히 목욕탕에 갔다. 탕에 들어가자 평소처럼 안에 있던 물이 밖으로 흘러나왔는데, 순간 불현듯 이 원리를 이용해서 왕관의 밀도를 잴 수 있을 것이라는 생각이 들었다. 평소 같으면 당연한 일로 받아들였겠지만 그날따라 이상한 직관력으로 해결책을 찾은 셈이다. 이에 너무나 기쁜 아르키메데스는 옷을 입는 것도 잊은 채 "유레카(Eureka, 그리스어로 '발견했다'라는 뜻)"라 외쳤다고 한다.

그러나 이러한 '직관'은 본능에 가까워 평범한 학교교육을 통해서는 쉽게 습득되기 어렵다는 단점이 있다. '직관'은 최소한의 개인적인 소양의 바탕 하에 매우 특별한 수련이 요구되는 영역이다. 독자들도 잘 아시다시피 아르키메데스도 당시에는 유명한 수학자였으며, 현대물리학을 창시한 아인슈타인도 뉴튼의 근대 물리학을 엄청 공부한 다음에야 상대성이론을 발표할 수 있었다. 뛰어난 직관력으로 어느 날 갑자기 대가가 된 것이 아니라, 해당 분야에서 수년 동안 열심히 공부하고 노력해서 속칭 '달인'의 경지에 오른 사람만이 이러한 '직관'을 얻을 수 있는 것이다.

반면에 '논리적 추론'이라는 것은 두뇌가 발달한 인간만이 할 수 있는 것이며 교육을 통해 습득될 수 있는 능력이다. 당연한 말이겠지만 이 '논리적 추론'이라는 것은 어릴 적부터 자주 연습하지 못한다면 좀처럼 숙달될 수 없으며, 어릴 적부터 생각의 높이뛰기 연습을 통해서 생각의 힘을 길러야만 '논리적 추론'을 잘 할 수 있게 된다.

인간이라면 누구나 생각의 힘을 길러야만 한다. 만약 그림(원숭이가 바나나를 손에 넣는 방법, p 68)에서 원숭이 대신 사람이 주인공으로 등장한다고 치자. 이 경우 '바나나가 매달려 있는 로프가 도르래에 걸쳐 있다'라고 제대로 '문제인식'을 했더라도, '로프의 아랫부분을 끊으면 바나나가 땅에 떨어질 것이다'는 '논리적 추론'을 할 수 없다면, 혹은 그런 '경험'이 없다면, B방법칼로 로프를 절단해 바나나를 얻는 법을 선택할 수 없다. 물론 사람이 아무런 의도 없이 '그냥' 혹은 '직관적으로'도 B방법을 선택할 수도 있겠지만 이것이 계속적인 성공을 보장하는 방법은 아니다. 직관력이 무뎌지는 순간 언제라도 바닥으로 추락할 수 있는 그야말로 위험한 곡예를 하는 셈이며 동물도 할 수 있는 단순무식한 방법에 의존하는 것이다.

당연한 말 같지만 문제해결의 전제인 '문제인식' 능력은 매우 중요하다. 경우에 따라서는 문제해결 90%가 문제인식에 달려있다고 해도 과언이 아니다. 위의 예시에서 볼 수 있듯이 고차원적인 문제해결은 고차원적인 문제인식이 전제되어야만 하며, 저차원적 문제인식은 필연적으로 저차원적 문제해결로 귀결되기 때문이다. 이러한 문제인식의 중요성에 관해서는 뒤에 다시 설명하도록 하겠다.

교육이 문제다

'지식 전달형 교육'을 조장하는 퀴즈쇼

최근 약간의 변화의 조짐이 보이긴 하지만 우리나라 교육은 그중에서도 특히 수학과목의 경우 단순한 공식암기와 반복적인 문제풀이 교육으로 일관해 왔다. 이러한 공식과 문제풀이가 대학입학을 위한 목적을 제외하고는 실생활에 아무런 도움이 되지 않는다는 사실을 독자들도 잘 알고 계실 것이다. 미적분을 잘 푸는 것이 은행 이자를 계산하는 데 도움을 주었다는 말은 한 번도 들어본 적이 없다. 단순히 암기한 지식은 요즘 세상을 살아가는 데 아무짝에도 쓸모가 없다.

아이러니컬하게도 그나마 '지식 전달형 교육'의 효과를 볼 수 있는 유일한 분야가 있는데 그것은 다름 아닌 텔레비전에 자주 등장하는 퀴즈쇼이다. 대개의 퀴즈쇼는 역사나 과학, 경제, 문화 등 다양한 상식에 관한 문제를 출제하고 있다. 특히 이 중에는 중 · 고등학교 학생에게 상당히 인기 있는 프로그램으로 전국의 고등학교를 찾아다니며 가장 암기 잘하는 학생을 선발하는 '도전 골든벨'이라는 프로그램이 있다. 마치 조선시대 선비들이 과거시험을 치르듯 전교생이 체육관 바닥에 앉아 퀴즈를 한 문제 한 문제 풀어갈 때마다 답을 틀린 학생이 단계적으로 탈락하는 방식의 프로그램으로, 마지막까지 살아남아 최종문제를 맞추는 학생이 골든벨을 울린다는 드라마틱한 구성이 매우 매력적이다.

이 프로그램의 말미에는 끝까지 정답을 맞혀 최후까지 살아남은 학생에 대해 주위 학생들은 물론 학교 선생님들도 열광적인 반응을 보이는 장면을 자주 볼 수 있다. 당연히 이 학생은 일반 학생들보다는 상식이 풍부하고 또래에 비해 지식수준도 높아 학교 성적도 좋을 것이 틀림없을 것이다. 하지만 이 학생이 앞으로 훌륭한 과학자가 되거나 스티브 잡스와 같은 창의력을 발휘할 수 있을 거라는 의견에는 필자의 고개가 갸우뚱할 수밖에 없다. 학생의 머릿속에 든 지식과 학생이 그 지식을 이용해 생각하는 능력은 전혀 다른 성질의 것이기 때문이다.

물론 상식이 폭넓은 것은 분명 삶에 플러스가 될 수 있는 요소라는 데 동의한다. 필자가 잘 아는 어떤 변호사는 정말로 상식이 풍부한 친구이다. 누가 봐도 지금 당장이라도 퀴즈쇼에 나가면 만

점을 받을 것만 같은 속칭 '척척박사'이다. 그는 직업상 다양한 사람들을 만나 협조를 구하게 되는데 그때마다 그의 풍부한 상식이 엄청난 촉매 역할을 한다고 한다. 하지만 적어도 학교교육의 입장에서 '상식'이 우리가 세상을 살아가는 데 있어 꼭 배워야 할 요소이고 또 그렇기 때문에 학생에게 꼭 가르쳐야 한다고는 생각하지 않는다.

솔직히 필자는 우리나라 학생들이 이런 식의 퀴즈쇼에 길들여지지 않았으면 하는 바람이다. 자칫 많이 외우고 많이 기억하는 것이 학교교육이 기대하는 바람직한 결과라고 오해하거나 혹은 그것이 우등생의 요건이라고 여길 것만 같은 불안감이 드는 것이다. 초 · 중 · 고등학교 때 배운 내용을 아무리 잘 기억하더라도 그것은 대학수학능력시험 시험지에서만 평가될 뿐이다. 정작 **인생을 사는 데 있어 중요한 것은 학교에서 배운 지식의 내용이 아니라, 그 지식을 활용할 수 있는 '생각'**이다. 다시 말해 학교는 학생에게 '지식을 전달'할 게 아니라, 학생이 스스로 '생각을 단련할 수 있도록' 혹은 '생각의 힘을 키울 수 있도록' 돕는 곳이어야 한다는 말이다.

암기 위주의 퀴즈쇼는 자칫 학생들의 무의식에 무조건 상식을 많이 알아야 한다는 잘못된 인식과 더불어 지식 전달의 교육 형태가 당연하다는 인식을 심어줄 우려가 있다. 따라서 적어도 학생들을 위한 텔레비전 프로그램이라면 우리 학생들에게 '생각을 잘하는 것'이 '지식을 많이 아는 것'보다 중요하다는 것을 일깨워주었으면 한다. 그래야만 프로그램을 시청한 학생들이 단순 암기에 목숨을 걸기보다 스스로 생각하는 능력을 기르는 데 힘을 쓸 것이기 때문이다.

다행히 2012년 교육과정부터는 수학에서 개념과 원리를 강조하고 창의적 사고력을 키우는 쪽으로 바뀐다고 하니 무척 반가운 일이 아닐 수 없다. 아래는 새로운 수학교육에 대한 신문기사이다. 생각의 힘의 중요성을 강조하는 필자로서는 무척 고무되는 내용이긴 하지만, 과연 '지식 전달형 수업'에 익숙한 학교 선생님들이 그러한 수업 방식을 제대로 이해하고 적용할 수 있을지는 아직도 의구심이 든다.

기사 4

○ 교과부 '수학교육 선진화 방안' 발표

교과부 '선진화 방안' 마련… 암기 · 반복 중심서 탈피

수학교육이 확 달라진다.

공식암기와 반복적인 문제풀이 중심의 딱딱한 기존 방식에서 벗어나 개념과 원리를 강조하고 창의적 사고력을 키우는 쪽으로 바뀐다. 정부는 당장 올해부터 '이야기 전달형 교과서'를 개발해 참고서의 표준으로 제시할 방침이다. 진도를 앞서 상급학년에서 배우는 내용을 시험문제로 출제하는 학교는 강력히 제재키로 했다.

교육과학기술부는 이 같은 내용을 담은 '수학교육 선진화 방안'을 마련해 올해부터 시행에 들어간다고 10일 발표했다.

교과부의 방안을 보면 수학교과서는 원리를 실생활과 연계해 이야기식으로 풀어내는 방식으로 쉽고 재미있게 바뀐다. 월드컵 축구 경기 대진표를 놓고 확률과 경우의 수를 따져본다거나 유명 미술작품 속에 숨어 있는 닮음비나 대칭 등 수학적 개념을 배우는 식이다.

계산 능력만을 중시하는 현행 방식 대신 전자계산기나 컴퓨터 활용도 장려하기로 했다. 교과서 연습문제가 "계산기를 이용해 맑은 날 서울타워에서 어디까지 볼 수 있는지 거리를 구해보라"와 같은 식으로 제시된다.

이 같은 대대적인 수학교육 개혁은 그간 입시 위주의 문제풀이식 교육으로 '수포자(수학을 포기한 학생)'를 양산했다는 학계의 지적 때문이다. 현재의 수학교육으로는 지식정보화 시대에 맞는 창의적 인재 육성에 한계가 있다는 것이다.

국어, 영어, 사회, 과학 등 다른 과목들은 입시제도 및 사회환경 변화에 따라 변했지만 수학은 이렇다 할 변화가 없었다. 반복 · 훈련 위주로 수학교육이 이뤄지다 보니 사교육 시장에서 선행학습을 주로 받는 악순환이 반복됐다. 2010년에는 과목별 사교육비가 일제히 줄어들었지만 수학만은 전년에 비해 1인당 월평균 6만 8,000원이 늘었다.

중간 · 기말 수학 시험에서 정해진 교육과정을 벗어난 문제를 출제해 선행학습을 유발하는 학교는 제재를 받게 된다. 교과부는 시 · 도교육청과 공동으로 연 2회 시험지를 제출받아 위반학교를 가려낼 계획이다.

수학공부에 어려움을 겪는 학생들에게 공부 방법을 상담해 주기 위해 전 · 현직 교사, 대학생 등이 참여하는 '수학클리닉'도 신설 · 운영된다.

정환보 기자 | botox@kyunghyang.com | 입력 2012.01.10 21:04

http://news.khan.co.kr/kh_news/khan_art_view.html?artid=201201102142365&code=940401

게임에 빠지는 아이들

이야기를 바꿔 게임에 빠지는 학생들에 대해 언급하고자 한다. 페이스북과 트위터에 비하면 부족하지만 그래도 우리나라는 온라인 게임과 관련된 컴퓨터소프트웨어 기술 분야에서 상당한 두각을 나타내고 있다. 단순한 컴퓨터 기술뿐만 아니라 게임 아이템, 디자인 등 세부적인 분야에서도 뛰어나다. 그러나 안타까운 것은 우리나라의 IT산업에 이렇게 기술이 축적된 데에는 역설적으로 온라인 게임시장의 활성화, 즉 온라인 게임을 즐기는 아이들이 많다는 어두운 현실이 깔려 있다는 점이다.

필자의 주변만 하더라도 매년 게임중독에 빠져버린 가엾은 의과대학생이 서너 명은 된다. 어디 그뿐인가? 게임에 정신이 팔려 끼니를 거르는 유치원생 꼬마가 있다는 소문은 이미 우리가 직면하고 있는 현실이다. 심지어 게임의 캐릭터에 지나치게 몰입한 나머지 꿈에서도 상상 못할 범죄를 저지르는 일은 뉴스에 단골메뉴로 등장하고 있다. 대체 우리의 아이들은 왜 그토록 게임에 빠져드는 것인지 정말 한심하고 답답한 일이 아닐 수 없다.

흔히 정신과 의사들은 학생들이 게임에 빠지는 이유를 '현실에 대한 부적응'으로 설명한다. 의과대학생에게서 특히 그런 예가 많은데, 워낙 쟁쟁한 수재들이 몰려 있는 곳이기 때문에, 고등학교 때는 공부를 잘 했던 학생이라도 성적이 기대치에 못 미치는 현실에 한두 번 좌절하다 보면, 어느새 게임이라는 늪에 깊이 빠져 있는 자신을 발견하게 된다. 특히나 자존심 강한 학생일수록 더욱 그런 경향이 있다고 한다.

필자는 아이들이 게임에 빠지는 원인을 **학생 스스로 생각하는 힘을 기르도록 하지 않는 학교교육**에서 찾는다. 근본적으로는 우리나라 선생님들이 학생의 지적 성장 욕구를 간과하기 때문이다. 누구나 어릴 적엔 하루라도 더 빨리 크고 싶은 생각에 떡국 한 그릇이라도 더 먹으려고 기를 쓰게 된다. 맛없는 음식이라도 키가 큰다는 말에 몇 접시씩 먹어 치우던 추억이나 브래지어 안에 휴지를 넣어 가슴을 불룩하게 만들었던 추억이나 모두 같은 이치를 담고 있다. 아이들은 성장하고 싶어 하는 거다. 몸도 마음도.

게임에 빠지는 학생들의 마음이 딱 이렇다. 이들은 게임속의 다양한 미션을 완수하며 얻는 레벨 업그레이드를 통해 성장하고자 하는 잠재욕구를 채워 나가고 있는 것이다. 심지어 게임을 하면서 잠자고 있던 도전정신을 계발하는 혜택(?)을 누리기도 하니 게임을 안 하려야 안 할 수가 없다. 오히려 똑똑한 학생들일수록 학교교육의 맹점을 눈치 채고는 다양한 게임을 통해 전략적 사고방식을 배우며 이를 통해 '생각의 힘'을 키워나가고 있다. 이쯤 되면 관점에 따라서는 게임이 학교교육보다 더 경쟁력 있는 교육 매체처럼 느껴질 정도이다.

문제는 정말로 그렇다는 것이다. **우리나라 교육은 졸업 후에 별로 써먹을 데도 없는 지식을 달달 외우도록 종용하고 또 이것을 평가해 성적순을 매기는 이상한 교육이다.** 학생들로 하여금 스스로 생각의 힘을 키우도록 돕는 것이 아니라, 단순히 얼마나 많은 지식을 암기하고 있느냐를 측정하는 수준에 머물고 있다. 게임이 전략적 사고를 일깨워 주는 것에 비해 얼마나 초라한지 창피할 지경이다. 게다가 이러한 교육풍토 아래에서는 오히려 '생각의 힘'이 있는 학생들이 학교 수업을 등한시한 채 게임에 빠지는 어처구니없는 일이 벌어진다. 역설적으로 그나마 '생각의 힘'을 조금이라도 가진 학생들이 게임에 빠져 주는 덕분에 암기에 공부시간을 많이 투자할 수 있는 '인내와 끈기'가 있는 학생들이 더 좋은 학업성적을 받을 수밖에 없는 것이 우리나라 교육의 현주소이다.

재밌는 점은 생각의 힘을 기르기 위해 게임에 몰두한 학생들보다는 열심히 암기공부를 했던 학생들이 훗날 사회생활에서도 성공할 확률이 높다는 것이다. 어찌 보면 당연한 결과인데, 이런 학생들이 나름대로 괜찮은 학벌, 괜찮은 스펙을 쌓았기 때문이기도 하겠지만, 공부하면서 자기도 모르게 습득했던 '인내'나 '끈기'를 통해 진짜로 성공하게 되는 것이다. 더구나 이들은 암기하는 요령까지 덤으로 익히는 행운과 함께 승자만이 느끼는 성취감까지 맛보게 된다. 이런 학생들은 성격이 밝고 긍정적으로 바뀔 수밖에 없는데 이런 긍정적인 마인드가 또 다른 성공을 불러오는 식이다. 반대로 게임에 몰두했던 학생들은 비록 초반에는 게임을 통해 얻는 전략적 사고를 통해 약간이나마 '생각의 힘'을 키울 수 있겠지만 시간이 지날수록 '인내'와 '끈기'를 잃어버리고 '조급함'을 배우게 되면서 훗날 사회생활에서 실패할 확률이 높아지게 된다.

학생들이 게임을 통해 '조급함'을 배우는 것은 게임이 가지고 있는 기본 속성에서 기인한다. 게임은 특정 요건을 만족시키기만 하면 그 즉시 득점을 하거나 등급을 업그레이드할 수 있는 구조로 되어 있지만, 현실 세계의 경우 '요건을 만족시키는 것'과 '실제 결과'는 전혀 별개의 것일 수도 있고 결과가 나타나기까지 오랜 시간이 걸릴 수도 있다. 따라서 게임처럼 일단 특정 조건만 충족하면 그 즉시 보상을 받는 체계에 익숙해지면 자연스럽게 현실 세계에서 '조급함'을 느끼게 되는 것이다.

더군다나 게임에서는 목적 달성을 위해 쉽게 수단과 방법을 가리지 않게 되기 때문에 학생들의 인성 발달에 악영향을 줄 수 있다. 독자들도 동의하겠지만 현실 세계에서는 수단이나 방법의 정당성도 중요하며 일이나 사람을 대하는 태도 역시 매우 중요한 요소이다. 경우에 따라서는 결과보다 일의 과정이나 태도가 더 중요할 수도 있는데 너무 어린 나이에 게임에 빠지는 학생의 경우 이러한 부분을 잘 이해하지 못할 수 있는 것이다.

가끔씩 학교시험을 잘 보기 위해 학생이 시험문제를 훔쳤다는 뉴스를 접할 때마다 필자는 무척 가슴이 아프다. 학생 간에 워낙 경쟁이 치열하다 보니 그런 모양이다. 과연 이런 학생들이 사회에 나갔을 때 어떤 어른이 될지 참 걱정스럽기만 하다. 결과만 좋다면 일의 과정은 어떻게 해도 상관없다는 태도인데, 비록 이 학생이 반드시 게임중독자라는 건 아니지만 성적을 빨리 올리려는 '조급함'에 사로잡혀 있다는 것은 부인할 수 없는 사실이다.

결론적으로 게임에 빠지는 아이들은 자기도 모르게 우리 선조들의 성공의 밑거름이 되었던, 그리고 현재도 **성공의 요건인 '인내'와 '끈기'를 익힐 기회를 날려버리는 것**은 물론 그 좋은 머리를 가지고 **공부할 시간마저 빼앗기는** 이중고를 감당해야 할 처지가 된다. 이들은 인생이라는 전쟁터에서 자신들의 유일한 무기가 될 수 있는 '생각의 힘'을 제대로 키워보지도 못한 채 학교를 졸업하고 삶의 전선으로 내몰리고 만다. '인내'나 '끈기'도 없이 '조급함'만 가지고 말이다. 실로 안타깝고도 슬픈 일이 아닐 수 없다.

물론 게임에 몰두하는 학생들에겐 개인 질환, 가정불화, 교우관계 등등 보다 다양한 문제가 복합되어 있다. 필자가 그런 현실을 부정하려는 것이 아니다. 다만 우리의 학교교육이 학생들의 지적 성장욕구나 호기심을 채워주지 못하고 있고 이 때문에 평범한 학생들도 게임 중독에 빠질 위험성이 있다는 점을 지적하는 것이다. 만약 우리 교육이 학생의 '생각의 힘'을 기르는 데 집중할 수 있다면 게임 중독에 빠지는 학생도 반드시 줄어들 것이 틀림없다고 필자는 굳게 믿는다.

학교교육이 바로 서야 나라가 바로 선다

실제로 학교 수업 현장에는 학생들에게 질문을 던진 다음 학생 스스로 답을 찾을 수 있도록 기다리는 분은 별로 없고, 처음부터 칠판에 정답과 해설을 적어주시는 자상한 선생님들이 많이 계시는 것 같다. 일종의 친절함의 극치라고 할 수 있는데, 마치 자신이 족집게 선생님이라도 된 것처럼 착각하며 자기 만족감을 느낄 수 있겠지만, 학생 스스로 생각의 힘을 키우는 데 걸림돌이 될 뿐더러 정작 본인 스스로 스승의 지위를 거부하는 어리석음을 범하고 있는 것이다.

지식을 요약정리해 주는 건 족집게 과외 선생님의 몫이지 학교 선생님의 몫은 아니다. **선생님은 학생들이 생각의 힘을 기를 수 있도록 돕는 사람이어야지, 단순히 지식을 전달하는 전령사로 머물러선 안 된다.** 요즘엔 대부분의 지식이 학생 스스로 책을 읽어서 충분히 습득할 수 있으며, 경우에 따라서는 인터넷을 통해서도 필요한 지식을 얻을 수 있지 않는가 해서 하는 말이다.

일부 학교 선생님들은 '학원에서 다 가르쳤기 때문에 더는 가르칠 것이 없다'고 불평을 늘어놓기도 한다. 이런 분은 학생들에게 생각하는 힘을 길러주어야 하는 교사의 책임을 망각한 분이 아닐까 생각한다. **생각의 힘은 초등학교 때부터 경험하는 매 수업시간 동안 길러지는 것**이다. 수업을 책임지는 선생님이야 말로 학생들의 빈약한 '생각의 근육'을 단련시켜야 할 책임이 있다. 학생들이 사회에 나왔을 때 써먹을 수 있는 '생각의 힘'을 기를 수 없는 교육은 무의미한 공염불에 지나지 않는다. 대안학교나 홈스쿨이 생기는 이유가 여기에 있다. 똑똑하고 생각의 힘이 출중한 학부모의 입장에서 단순한 지식 전달형 교육에 집착하는 학교교육을 더 이상 신뢰하지 않는 것이다.

족집게 과외교육은 학습내용을 잘 조리해서 소화하기 쉬운 음식지식으로 만들어 놓고 학생들의 입에 떠먹여 주는 요식 행위에 지나지 않는다. 이런 종류의 지식은 당장 눈앞의 시험에는 도움이 될 수 있지만, 그렇게 반에서 1, 2등을 해서 뭐하나 싶다. 설사 그런 식으로 허울 좋은 스펙을 쌓을 수 있었다 하더라도 어릴 적부터 생각의 토끼뜀에 익숙해 있던 학생이 졸업 후 사회에 진출해서 과연 무엇을 해 나갈 수 있겠는가? 그 학생이 스티브 잡스처럼 되겠는가? 세종대왕처럼 되겠는가?

어떤 것이 생각의 힘을 길러주는 수업일까?

생각의 힘을 키워주는 학교 선생님

생각의 힘을 죽이는 족집게 과외 선생님

만약에 학생들의 창의성을 키우고 싶다면, 학생들에게 생각의 자유와, 마음의 여유를 주는 것이 최선의 방법이다. 당장이라도 학생들에게 강제하고 있는 학교의 정규 수업시간을 줄여야만 그나마 그것이 하루하루 메말라 죽어가는 학생들의 창의성을 온전히 보전할 수 있다. 인간 본성의 일부인 '창의성'은 학교에서 뭔가를 가르친다고 길러지는 것이 절대로 아니다. 실제로 창의성이 뛰어난 예술가들은 비교적 어린 나이에 정규교육을 박차고 나가서 큰 성공을 거두는 것을 종종 볼 수 있다. 이야말로 창의성이란 가르치는 그 무엇이 아니라 우리의 정신 속에 내재되어 있는 무형의 존재라는 반증이 아닐 수 없다. 물론 학교 수업시간을 당장 줄인다고 학생들의 창의성이 당장 향상될 가능성은 매우 희박해 보인다. 이미 상당수의 학생들이 정규 수업시간 이후에도 상당한 시간을 학원에서 보내고 있기 때문에, 오히려 잘못하면 학생들이 가야 할 학원 수만 더 늘어나는 역효과가 날 수도 있다. '창의성을 기르는 학원'을 누군가 차리지 않으리라는 보장이 없으니 말이다.

결국 **지나친 경쟁을 촉발하는 이 나라의 교육풍토를 없애는 것이 급선무**이다. 석차로 학생들에게 낙인을 찍는 상대평가규준지향 평가를 지양하여야 한다는 의미이다. 그래야 학원교육이 줄고 학생들의 창의성이 되살아난다. 원래 창의성이란 마치 자유로운 영혼과 같아서 경쟁이란 족쇄에 묶여서는 제대로 성장해 나갈 수 없기 때문이다. 만약 학교마다 미리 학생들이 도달해야 할 실력의 기준준거을 결정해 놓고 이것을 기준으로 평가를 하는 절대평가준거지향 평가를 도입한다면 이런 걱정은 조금이나마 줄어들 것이다. 물론 이것은 학교 선생님이 혼자 하기에는 매우 어려운 일이다. 교육 당국과 교육 기획자들이 머리를 맞대고 쥐어짜도 간신히 이루어 낼까 말까 한 어려운 목표이다. 교육 기획자 입장에서는 자칫 학력의 하향평준화라는 부메랑이 돌아올지도 모르는 일이고, 학부모 입장에서는 촌지를 줘도 못 믿을 판에 절대평가의 기준을 신뢰할 수 없다고 버틸 것이기 때문이다.

필자가 생각의 힘을 강조한다고 해서 근대사회의 근간이 되고, 현대사회에 필수적인 지식 콘텐츠를 학교에서 가르치지 말라는 뜻은 아니다. 지식 전달형 수업도 일정부분 반드시 필요하다. 다만 단순히 암기하는 지식을 가르치기보다는 혹은 누군가 만들어 놓은 정답을 검색하는 능력을 키워주기보다는, 학생들 스스로 생각하는 힘을 기를 수 있도록 도와야 한다는 주장이다. 누군가 이야기했듯이 자녀에게 물고기를 물려주는 것보다는 물고기를 잡는 법을 가르치는 일이 좋지 않겠느냐 하는 소리이다.

이제는 변해야만 한다. 교육이 백년지대계라고 말로만 떠든다고 될 일이 아니다. 앙상한 생각의 근육을 가진 학생들을 길러내는 무책임한 교육은 학생들의 '생각의 힘'을 무력화시키고, 무모한 경쟁 위주 교육은 학생들의 '창의성'을 갉아먹고 있다. 우리 교육이 21세기에 걸맞는 창의력 있는 인재를 길러내려면 앞서 설명한 두 가지 교육 형태, 즉 **지식 전달형 수업**과 **지나친 경쟁풍토**가 이 땅에서 영원히 사라져야만 한다.

 사실 학교 선생님도 피해자이다. 족집게 과외 선생님들이야

돈이라도 벌지, 이건 생각하면 할수록 울화통이 터지고 쳐다보면 볼수록 참 불쌍하고 비참한 존재라는 생각이 든다. 솔직히 오로지 명문 고등학교, 명문 대학에 학생을 진학시켜야만 훌륭한 선생님으로 인정해 준다면, 누가 올바른 교육에 힘을 쓸 수 있겠는가? 요즘의 우리나라 초 · 중 · 고등학교교육은 교육 본연의 의미생각의 힘을 기르는 역할를 잃고 지나친 대학입시 위주의 교육으로만 흐르고 있다. 이런 사실은 학교 선생님도 학원 선생님도 그리고 대학 교수님도 모두가 잘 알고 있는 일이지만, 모두가 도둑이고 모두가 공범이니 어느 누구 앞장서서 이제부터 제대로 된 교육을 하자고 당당히 말하지 못 한다. 애통하지만 이것이 우리나라 교육계의 비참한 현실이다.

오늘도 묵묵히 학교에서 학생들을 가르치고 계시는 선생님들이여! 제발 기운을 내주시면 고맙겠다. 당신께서 가르치는 학생들이 학원에서 알량한 지식을 배워왔다고 해서, 그들이 절대로 똑똑해지거나 지혜로워진 것은 아니라는 것을 당신께서는 잘 알고 있지 않은가 말이다. 제발 부탁이다. 기형적인 학원교육에 찌들고 말라비틀어진 우리 학생들의 나약하고 앙상한 '생각의 근육'을 보며 울분을 터뜨리시라! 그리고 우리의 아이들이 어릴 적부터 차근차근히 생각의 높이뛰기를 연습을 하며 '생각의 힘'을 키워 나가도록 도와주시라! 지금부터라도 그래야 우리 학생들이 바뀌고 이 나라가 살 수 있다.

생각의 높이뛰기라는 건 절대로 어려운 일이 아니다. 학생이 겪는 모든 수업시간을 질문과 응답으로 채우면 된다. 그리고 만약 질문을 던졌다면 무조건 1분 이상 정답을 가르쳐 주지 말고 학생들 스스로 답을 생각할 수 있도록, 즉 학생이 스스로 생각의 높이뛰기를 할 수 있도록 인내심을 가지고 조금만 아주 조금만 기다려 주어라. 그리고 만약 학생들이 이런 상황에 좀 더 익숙해지면 아예 정답을 가르쳐 주지 않아도 좋다. 높이뛰기 바[bar]를 살짝 높이는 기분으로 그렇게 하라. 우리 눈에는 보이지 않지만 분명 학생들의 생각하는 근육은 높이뛰기 운동을 하고 있을 것이다.

망할 놈의 학벌지상주의

아마도 필자가 주장하는 '생각의 힘을 기르는 교육'과 학생들의 창의성을 유지하고 향상시킬 수 있는 '경쟁 없는 자유로운 교육'이 학교에 자리 잡으려면 가장 필요한 것이 우리 사회에 만연한 학벌중시 풍토일 것이다. 하지만 솔직히 이 학벌중시 풍토라는 것이 하루아침에 없어지기는 참 힘들어 보인다. 왜? 대체 우리나라 사람들은 이리도 학벌을 중시하는 걸까? 당연히 독자들의 생각하는 힘을 믿고 답을 주지 않는 것이 맞는 것이겠지만 공교롭게도 다음 장 첫 페이지에 필자는 필자가 생각하는 해답을 적어 놓고 말았다. 그러니 다음 페이지를 넘기기 전에 지금부터 1분 정도 왜 우리나라 사람들이 그토록 학벌을 중시하는지 한번 생각해 보길 바란다.

결론부터 이야기하자면 우리나라 사람들이 **'평가'에 인색하기 때문**이다. 원래 평가에는 노력과 돈과 시간이 들게 마련인데, 이런 것들이 귀찮고 하기 싫은 것이다. 예를 들면, 쇼핑을 할 때 발품을 팔아 가면서 품질 좋고 맘에 드는 상품을 선택하기가 귀찮아서 손쉽게 '명품'을 선택하는 것과 같은 이치이다. 눈 딱 감고 명품을 사게 되면 굳이 발품 팔아 고생을 하지 않아도 일정 수준의 품질이 보장될 뿐만 아니라 남들의 부러운 시선까지 받을 수 있어 일석이조인 셈이다. 알량한 허영심도 채울 수 있는 장점도 있다. 이런 형국이니 돈만 있으면 명품을 사고, 없으면 짝퉁이라도 장만해야 마음이 놓이는 것이 우리네 심보이다. **명품 선호주의나 학벌 선호주의나 따지고 보면 똑같은 속성을 가지고 있는 셈**이다.

먼저 우리네 대학이 얼마나 평가에 인색한지 살펴보자. 앞서 잠시 설명했지만 원래 대학수학능력시험은 일종의 자격시험이다. 이것을 통과만 하면 누구라도 대학에서 공부할 수 있다고 국가가 인정하는 시험이다. 따라서 대학에서는 일단 수험생이 이 시험에서 일정 수준 이상의 성적을 받았으면, 다음 단계부터는 학생을 평가할 때 더 이상 성적을 고려해서는 안 된다. 학력을 좀 더 평가하고 싶으면 대학이 자체적으로 시험을 치르면 되고 인성이나 적성을 겸비했는지 평가하려면 그런 용도로 개발된 적절한 면접시험을 치르면 된다. 그것이 옳은 이치이다.

그러나 우리나라 대학들은 이 평가라는 것에 쓰는 노력, 돈, 시간을 귀찮고 아까워한다. 앞서 설명했지만 잘못하면 구설수에 오르기 마련인 학생선발에 굳이 에너지를 낭비하고 싶지 않은 것이다. 또한 학생이나 학부모 입장에서는 혹시라도 학생선발에 비리가 있을 것 같아 대학을 믿고 싶지 않은 마음이다. 그러니 엉뚱하게도 자격시험이어야 하는 수능시험에 등급이 부여되고 이 등급에 맞춰 대학이 학생을 선발하는 우스꽝스런 촌극이 벌어지고 있는 것이다. 학벌이나 명품이나 대학수학능력시험에서의 높은 등급이나 모두 그 본질은 같다고 할 수 있다.

기업이라고 해서 별로 다를 바 없다. 사실 기업도 대학과 똑같이 인재선발에 관한 고민을 하고 있다. 응시자를 면접할 때 다양한 방식으로 인재를 선발하고 싶지만, 그럴수록 노력과 돈과 시간이 드는 것이 부담스럽기만 하다. 그래서 예전의 기업들이 '학벌'에 그토록 목을 매었던 거다. 설사 기업의 인사 담당자가 사람을 보는 안목이 없더라도 일정 수준의 학벌을 충족시키는 사람을 뽑아 놓으면 적어도 중간 이상은 간다고 생각했던 것이다. 물론 여기에도 명품에 대한 무조건적인 신뢰가 밑바탕에 깔렸음은 두말하면 잔소리이다.

다행히 요즘의 기업들은 조금씩 변화하고 있다. 기껏 뽑아 놓았는데 일을 시킬 수 없으면 손해이기 때문에 대학보다는 좀 더 투자를 한다. 특히 돈 있는 대기업일수록 다양한 면접 방식을 통해 인재를 선발한다. 학벌보다 실력을 중시하는 풍조이다. 예전과 달리 대기업 계열사 사장에는 학벌 좋은 사람이 많지 않다는 기사가 종종 신문지상에 오르내리고 있다. **기업은 이미 학벌중시 사회에서 능력중시 사회로 변화하고 있다는 말이다.**

그러니 이제부터 학교도 학생을 평가하는 데 노력과 돈과 시간을 써야 한다. 성적순은 학생을 '성적'이라는 하나의 잣대로 평가하는 도구에 불과하다. 어느 영화의 제목처럼 '행복은 성적순이 아니다'라는 데 동의하지 않는 사람은 없다. 객관식 시험으로 평가되어 석차가 표기되는 성적표를 없애고 학생들을 지성과 인성, 창의성 등 다양한 관점에서 평가해야만 한다. 교육자라면 누구나 동의하듯, **평가가 바뀌어야 교육이 바뀌기 때문**이다. 경영학의 아버지, 경영학의 구루로 불리는 피터 드러커Peter F. Drucke, 1909~2005는 변화속도가 가장 빠른 조직이 기업이고, 그 다음이 학교 그 다음이 정부라고 했다. 아직 정부가 변할 것 같진 않고 일단 근래 들어 우리나라 기업들이 인재선발에 돈을 쓰기 시작했으니 이제 슬슬 학교가 변할 차례이다.

사실 평가에 인색한 학부모가 더 문제이다. 좀 심하게 표현해 우리나라 교육계의 모든 문제는 평가를 못하는 학부모로부터 비롯된다고 해도 과언이 아니다. 우리나라 학부모는 자식을 공정하게 제대로 평가하질 못한다. 아니 '성적' 이외의 잣대로는 자식을 평가하는 방법을 아예 모른다. 아이들이 학교에서 뭘 배우는지에 관심이 없고, 오로지 내 아이 성적 오르는 것에만 관심이 있다. 학부모 스스로 생각하는 힘이 나약한 까닭에 아이들의 생각의 힘이 커 가는 모습을 확인할 수 없고, 그렇기 때문에 그저 눈에 보이는 학교 등수, 오로지 그 알량한 숫자에만 혈안이 되어 아이들을 들볶고 학원으로 내몰고 있다. 생각하면 할수록 답답한 일이 아닐 수 없지만, 어쩌겠나? 우리의 학부모들은 어릴 적부터 생각의 힘과는 전혀 거리가 먼 수업환경에 익숙해져 있는 분들인 걸.

원래 **'평가'를 잘하려면 좋은 것, 나쁜 것에 대한 기준이 있어야 하고, 그런 기준을 습득하기 위해서는 노력과 돈과 시간 투자를 포함한 경험치가 필요한 법**이다. 한마디로 오랜 수련으로 자기만의 안목이 만들어져야만 확실한 판단을 할 수 있다는 소리이다. 다양한 관점에서 요리보고 조리 뜯어봤기 때문에 사려 깊은 안목이 얻어지는 원리이다. 발품을 팔아가며 들인 노력과 돈과 시간은 결코 배신하는 법이 없다.

내 자식이라고 처음에는 다 예뻐 보이겠지만 옷차림과 말투,

자세와 같은 외적인 면에서부터 마음가짐과 태도, 인성과 같은 내적인 면까지 냉철히 객관적으로 판단해야만 한다. 그러려면 당연히 자녀와 보내는 시간이 많아야 하며, 평소에 마음을 터놓고 자주 대화를 해야만 한다. 쇼핑에 투자했던 에너지를, 회사에 바칠 노력과 시간을 자녀에게 쏟아야 한다. 학원에 보내는 것이 능사가 아니라는 것을 깨달아야 한다. 간혹 본인의 여가 시간을 확보하려고 자녀를 학원에 내팽개치는 학부모가 있는데 이젠 달라져야만 한다.

그러려면 **학부모부터 먼저 생각의 힘을 기르자.** 방법은 간단하다. 뭔가 의문점이 생기면 인터넷을 검색해서 답을 찾기보다는 먼저 혼자서 고민하고 그래도 잘 모르겠으면 가족이나 이웃과 토론을 하라. 누군가가 만들어 놓은 정답을 찾기 전에 나만의 생각을 만드는 것이 첫 번째 목표이다. 그 다음에 내 생각과 타인의 생각을 비교하고, 가능하면 자녀의 의견도 수렴해서 더 멋지고 괜찮은 생각을 만들어 보는 것이다. 남이 만들어 놓은 생각의 탑을 쫓아갈 것이 아니라 스스로 만든 생각의 탑으로 자식을 판단하라.

아마도 지금 당장은 스스로 부족함을 드러내면서 부끄러움을 느끼겠지만 괜찮다. 그러는 동안 당신의 생각하는 근육은 더욱 튼튼해질 테니까 말이다. 공자께서 "不知爲不知가 是不知"라고 말했듯 자고로 앎이란 모르는 것이 무엇인지 아는 것이다. 스스로 부족함을 깨닫고 생각의 힘을 기르자. 이런 연습을 하기 시작하면 당신에게도 이제 '성적'이나 '학벌' 말고도 자녀를 올바르게 평가할 수 있는 다양한 관점이 자연스럽게 싹틀 것이다.

다행히 언제부터인가 우리 사회에 멘토 붐이 불고 있다. 일선 학교에서도, 텔레비전에서도, 심지어 정치권에서도 멘토라는 말이 흔히 들려온다. 그 배경이나 이유야 어떻든 우리 사회가 헛똑똑이 기질을 버리고 스스로의 무지를 깨닫기 시작한 것이라 해석할 수 있는데, 필자로서는 매우 반갑기 그지없는 변화이다.

따지고 보면 우리 학생들도 문제이다. 요즘 학생들은 스펙 쌓기에 너무나도 열성인데, 덕분에 학원 사업은 그 어느 때보다 성황이라 경기부양에는 도움이 된다. 그러나 어이없게도 기업의 인사 담당자는 좋은 인재 뽑기가 하늘의 별 따기보다 힘들다고 한탄을 하고 있다고 한다. 응시생들이 워낙 생각의 힘이 없으니 벌어지는 촌극이다. 오늘날 학교가 학생들의 생각하는 힘을 길러내지 못하고 있다는 또 하나의 반증이다.

솔직히 학생들이 아무 생각 없이 노는 것은 창의성을 키우는 데 도움이 되기 때문에 차라리 괜찮다. 아무 생각 없이 공부하는 것이 더 문제이다. 학생들이여! 제발 좀 부탁한다! 생각하지 않는 공부, 지식을 암기하는 공부는 결코 당신의 인생에 도움이 되지 않는다. 지금 이 순간 자신이 가진 모든 생각의 힘을 모아라. 그리고 스스로 어떤 공부를 하고 있는지 냉정히 평가해 보아라. 그러면 뭘 공부해야 할지는 저절로 깨닫게 될 것이다.

만약 혹시라도 필자의 말에 동의하지 못하시는 분은 다음의 해외 석학들이 지적한 우리 교육의 문제점을 읽어 보길 바란다. 우리 학교가 학생들의 창의성을 키우지 못하고 있다는 필자의 지적과 일치한다.

기사 5

[자본주의 4.0 제3부 – 교육에 답이 있다]

해외 석학들이 본 한국 대학교육

해외 석학 87명 설문 – "한국 학생 질문 잘해" 7%뿐, 질문 많이 하는 美 학생은 창의적인 인재로 성장… 교과서 벗어나야 혁신 가능
대학, 산업화 시대 인력만 양산 – 일방적 지식 전달에만 치중, 독창적·혁신적 사고 못 키워… 교육이 잠재력 끄집어내줘야

"자본주의 4.0에 대비한 교육을"

해외 석학들은 "혁신을 이끌 인재가 나오려면 교과서 중심의 교육부터 벗어나야 한다"고 입을 모았다. 베르간 교수는 "한국 학생들은 교과서 내용을 그대로 외우고 정형화된 종이 시험을 준비한다"며 "반면, 내가 가르쳐 본 노르웨이와 미국 학생들은 책에 적힌 지식을 벗어나 다른 사람과 아이디어를 교환하면서 자신만의 '독립적인 생각'을 키운다"고 말했다.

해외 석학의 절반 이상(61%)이 "한국 학생들의 지적(知的) 수준이 우수하다"고 평가하면서도, 자본주의 4.0시대를 준비하기 위해 교육 방식은 당장 바뀌어야 한다고 대답했다. 예컨대 "대학에서 학생들의 창의성과 문제의식을 키워주고"(51%), "기업에서 필요한 실무능력(31%)을 가르쳐야 한다"고 답했다.

베르간 교수는 "한국의 학교 시스템은 '개인의 지식'을 가르치는 데만 집중됐다"며 "이런 상황을 극복하기 위해 초등학교 때부터 학생들이 스스로 자유롭게 생각하고 토론하는 문화가 정착돼야 한다"고 했다. 퍼스트 교수는 "그동안 한국 학생들을 가르치면서 한국 학생들이 누구보다 잠재력이 있다는 것을 알았다"며 "잠재력을 끌어내기 위해 국적이 다르거나 생활 수준이 다른 환경에서 자란 사람들과 생각을 나누며 '새로운 아이디어'를 찾을 수 있게 해줘야 한다"고 말했다.

김연주 기자(carol@chosun.com), 감혜림 기자(kam@chosun.com) | 입력 2011. 12. 12 03:03

http://news.chosun.com/site/data/html_dir/2011/12/12/2011121200226.html

우리나라 대학생들이 의과대학이나 법학대학원에 몰리는 이유도 알고 보면 똑같은 이치이다. 의사면허번호는 이미 10만 명이 넘었고, 매년 3천 명의 의사가 배출되는 속도와 현재의 의료보험 체계에 비추어 볼 때 의사인력의 과잉공급 상태라는 의견이다. 변호사 역시 마찬가지이다. 로스쿨에서 인력이 배출되기 시작하면서 예전의 행정 5급으로 대우받던 변호사가 이제는 행정 6급 수준으로 낮아졌다. 이렇듯 전문가가 가지는 특권도 점차 사라지고 있는 시점에 아무런 생각 없이 그저 나중에는 어떻게 되겠지 하는 생각으로 줄서서 입학을 한다. 그 어려운 대학수학능력시험을 보고 대학에 들어왔지만 전공과목 공부는 내팽개치고 오로지 의학전문대학원과 법학전문대학원에 들어가려고 도서관에 파묻혀 있는 젊은이들을 보면 안타까운 마음조차 든다.

냉정하게 평가해서 이제 의사는 한물갔다. 과거는 고사하고 현재의 사회, 경제적 지위도 앞으로 더 떨어지게 되어 있다. 그럼에도 불구하고 학생들이 **의학전문대학원에 몰리는 것은 그들이 가진 생각의 힘으로 의사라는 직업을 냉철히 평가할 수 없어 벌어지는 일**이며, 다른 한편으로는 생각의 힘이 약하기 때문에 다른 미래의 대안을 생각하지 못하는 것이라고 생각한다. 이런 학생들 중에서 가장 심각한 경우는 '생각의 힘을 발휘하면서 세상을 살아가는 것이 너무나 귀찮아서' 가장 손쉬운 길로 의사나 변호사를 택하는 것인데, 이쯤 해서는 필자도 별로 해줄 말이 없다.

물론 학생들이 의학전문대학원이나 법학대학원에 쏠리는 본질적인 이유는 두 학문이 실용적인 학문이기 때문이다. 교육내용이 전문적일 뿐만 아니라 다른 전공과목과 달리 공부에 오랜 시간 투자를 해야 하므로 시간적 장벽이 높고, 전문가의 지위가 부여되는 이점을 지녔다. 사실 의학이나 법학을 제외하면 대학에 개설된 상당수 과목이 비실용적인 학문인 셈이다. 국문과나 물리학과를 졸업해도 졸업생의 상당수는 전공과 다른 일을 할 수밖에 없다. 전공교수나 교사의 정원은 한정되어 있으니 말이다. 학생들 입장에서는 좀 더 실용적인 학문에 관심이 갈 수 밖에 없다.

필자 역시 4년 내내 전공과목을 팽개치고, 사법고시에 매달리던 친구가 있었다. 학생들의 심보가 뒤틀려서 다른 과목에 한눈을 파는 게 아니라는 것쯤은 잘 알고 있다. 그러나 우리나라 학생들은 **대학을 다니는 동안 학생들이 키워 나가야 할 것이 '지식'이 아니라 '생각의 힘'이라는 것**을 잘 모르고 있는 것 같다. 전공과목이 실용적이지 않다고 등한시하는 것은 비싼 등록금 내고 대학에서 시간을 낭비하고 있는 것이다. 학생들은 전공이 무엇이든 최선을 다해 공부하면서 자신만의 '생각의 힘'을 길러야만 한다. 스펙을 늘리려고 무조건 석사, 박사에 진학하는 것은 바보나 하는 짓이다. 깊이 생각하는 법을 배우고 또 그런 방법에 익숙해지려는 목적에서 석사, 박사를 하는 것이어야만 공부를 오래하는 진정한 의미가 있다.

우리나라 사람들이 평가에 인색한 것은 워낙 땅덩이가 좁아서이기도 하다. 서너 다리만 건너면 친척이고 아는 사람이 있으니 냉정한 평가를 내리기 어색한 측면이 있는 것을 필자도 인정하는 바이다. 미국처럼 인종과 피부색이 다른 이민자로 구성된 나라와는 시작부터 다른 셈이다. 하지만 더 큰 원인은 우리나라 사람들의 생각의 힘이 너무 약하기 때문이다. 어릴 적부터 생각의 힘을 억제하는 교육만 받았기 때문에, '성적' 이외의 다른 잣대(평가지표)를 떠올리는 데 어려움이 있는 것이다. 또한 설사 다른 종류의 잣대를 떠올린다 하더라도 어릴 적부터 연습해 본 적이 없었기 때문에 실제 적용하는 데에 두려움을 느낀다.

전쟁으로 폐허가 된 이 땅에서 한강의 기적이 일어난 것은 누가 뭐라고 해도 교육의 힘이었다. 교육이 서야 나라가 선다. 그런데 우리 교육이 지금 파행으로 치닫고 있다. 학생 인권을 하도 부르짖느라 공교육의 권위는 땅에 떨어졌고 하늘 높은 줄 모르고 치솟는 사교육비는 서민들의 목을 옭아매고 있는 것이 현실이다. 대체 이 나라 교육에서 뭐가 문제인가? 모두의 문제이기에 누구의 문제도 아니라면 누가 이 나라의 교육을 책임질 것인가? 이제 더 이상 미룰 수 없다. 이 망할 놈의 학벌중시 사회를 이제는 종식시켜야 할 때이다. 학벌중시 사회를 타파하지 않으면, 학생들은 생각의 힘을 기르기보다 스펙 쌓기에만 열중하느라 애꿎은 세월을 보내게 될 것이다.

학생들이 '생각의 힘'을 기르기 위한 공부를 하는 것이 아니라 스펙을 쌓기 위한 공부를 하는 것은 분명히 문제가 있다. 이런 척박한 교육풍토에서 학생들은 스스로 창의성을 말살하는 것은 물론 창의력의 기본이 되는 생각의 힘도 기를 수 없게 된다. 창의성과 창의력으로 무장해서 세계로 뻗어 나가야 할 21세기 요즘의 시대상에 비추어 보면 대한민국이라는 나라는 비전이 없는 셈이다.

결국 기업, 학교, 가정이 모두 바뀌어야 한다. 아무리 유명 브랜드의 명품 옷이라도 내 몸에 맞고 쓰임새에 맞지 않으면 말짱 도루묵이라는 사실을 직시하고 시간과 돈과 노력을 **'평가'에 투자**해야 한다.

생각의 힘을 기르는 교육방법, PBL(Problem Based Learning)

조금 주제 넘는 일이지만 그럼 지금부터 이 '생각의 힘'을 기르는 교육방법을 설명하겠다. 원래 대안을 제시하지 않고 무작정 비판하는 것은 자제하는 성격이라 이런 글까지 쓰게 되었다. 많이 부족하겠지만 부디 너그러이 이해를 부탁드리고 싶다. 독자들 중에는 우리나라 교육 현실에 거의 문외한인 의과대학 교수, 그것도 연구 조교수 한 명이 얼토당토않은 소리를 내뱉는다고 생각하실 분이 계실지 모르겠다. 지금 그런 분들이 계시다면, 그리고 혹시라도 지금까지 필자가 지껄였던 독설(?)에 가슴이 아팠던 선생님들이 계시다면 지금이라도 머리 숙여 사과드리고 싶다. 여러모로 많이 부족한 필자로서는 당연히 고개를 조아릴 수밖에 없다. 부디 필자 역시 우리나라의 교육 백년대계를 생각한답시고 한 이야기니

너그러운 마음으로 용서해 주시길 부탁드린다.

필자가 생각하기에 학생들이 **'생각의 힘'을 기르는 데 있어 가장 좋은 방법**은 고대 그리스의 철학자 소크라테스가 즐겨 썼다던 **'문답법' 혹은 '산파법**産婆法**'**이다. 선생님과 학생 간에 질문과 대답이 꼬리에 꼬리를 물고 끊임없이 이어지는 방식인데, 앞서 설명했던 생각의 높이뛰기 연습을 거의 무한대로 할 수 있다는 장점이 있다.

하지만 이런 방법이 제대로 통하려면 선생님은 학식이 풍부해야 함은 물론 학생의 대답을 기다릴 줄 아는 인내심도 있어야 하며, 이제 겨우 걸음마를 걷기 시작한 학생의 생각이 쓰러지지 않고 자라날 수 있도록 적절한 타이밍에 적절한 질문을 던질 수 있는 예리한 통찰력까지 지녀야 한다. 어디 그뿐이랴? 학생 역시 선생님의 질문을 이해할 수 있는 기본지식과 언어소통능력을 갖춰야 하고 혼자서 생각의 탑을 쌓을 수 있는 불굴의 용기와 논리적인 추론 능력을 겸비해야만 한다. 그러나 처음부터 이런 능력을 갖춘 학생은 없을 것이기 때문에 결국 '생각의 힘을 기르는 교육방법'이란 결국 선생님 쪽에서 먼저 준비할 수밖에 없다. 게다가 정말 안타깝게도 우리나라의 모든 학교 선생님이 소크라테스와 같은 척척박사가 될 수는 없는 일, 딜레마가 아닐 수 없다.

다행히도 이런 상황을 해결해 주는 묘책이 하나 있으니, 2000년대 초반부터 우리나라의 의과대학에 빠른 속도로 확산되었던 PBL[Problem Based Learning]이라고 불리는 독특한 교육 방식이 그것이다. 외국 의과대학에서는 이미 1970년대부터 시작되었으니 거의 30년이 뒤진 셈이다. 비록 최근 일부 대학에서 PBL 교육 방식이 짧은 시간에 많은 양의 지식을 전달해야 하는 의과대학의 특성에 적합하지 않다는 이유를 들어 폐기하거나 수업시간을 줄이고 있지만 아직 상당수의 의과대학들은 PBL을 **예비 의사들의 임상추론 능력을 배양하는 주요 방법**으로 여기고 있다.

독자들의 이해를 돕기 위해 먼저 간단히 PBL의 방법을 설명하면 이러하다. 먼저 학생들은 6~8명 정도의 소규모 그룹으로 묶이게 되고, 각 그룹마다 튜터[tutor]가 한 명씩 배치된다. 튜터가 학생들에게 '문제'와 '사실'이 뒤죽박죽으로 섞인 '상황'을 제시하면, 학생들은 '사실도출 → 문제인식 → 가설 세우기 → Learning Issue 도출'이라는 큰 흐름의 원칙에 따라 토론을 진행한다.

이때 토론은 자유로워야 한다. 학생들은 자신의 생각을 거리낌 없이 말하고 튜터는 가급적 학생들의 토론에는 끼어들지 않는 것이 좋다. 대개 학생들이 직접 사회자와 서기를 뽑아 자유롭게 토론하는 방식이다. 또한 PBL에서의 **튜터는 단순한 촉진자**[facilitator]**의 역**

할을 하면 되므로 척척박사일 필요가 전혀 없다. 이것이 학교교육에 PBL이 도입될 수 있는 단서가 된다.

그림(PBL의 진행 단계, p. 112)를 보면서 PBL이 어떻게 생각의 힘을 기르는지 알아보자. 먼저 1단계는 PBL 학습 방식에서 '사실 도출'에 해당되는 것으로써 주어진 상황(0단계)에서 **무엇이 객관적인 '사실'이고 무엇이 주관적인 '의견'인지 감별하는 단계**이다. 한마디로 '문제인식' 단계라고 할 수 있으며 PBL에서 가장 중요한 단계이다. 만약 이 단계를 소홀히 해서 사실이 아닌 것을 사실로 받아들이게 되면 나중에 보란 듯이 큰코다치게 되는 경우를 종종 본다. 강남 신사동을 강북 신사동으로 오인했던 필자처럼 말이다.

PBL의 진행 단계

0단계

1단계 (사실도출)

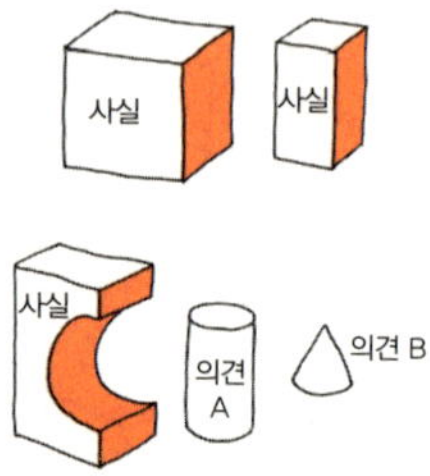

2단계 (문제인식)

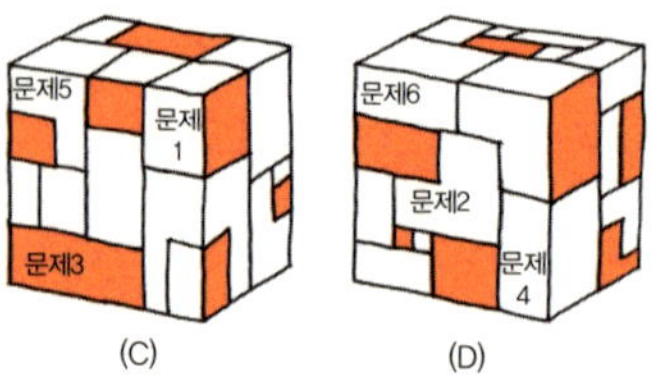

3단계 (가설도출)

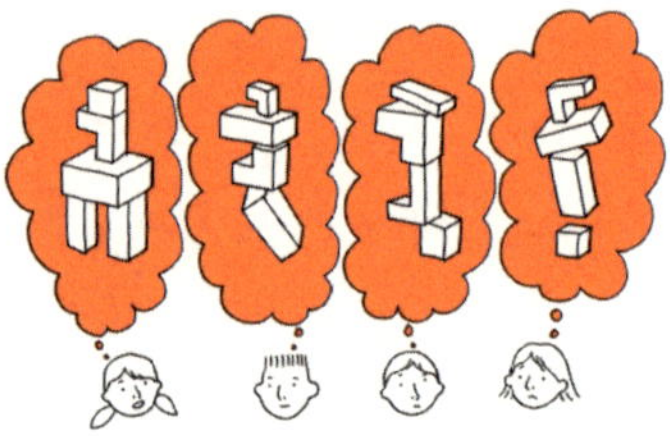

예를 들어 만약 우리가 논의의 대전제로 삼고 있는 어떤 것이 사실이 아니라 누군가가 퍼뜨린 유언비어였다고 생각해 보자. 당연히 모든 논의는 헛수고가 되어버리고 만다. 따라서 어떤 소식을 접했을 땐 맨 처음에 그것이 사실인지 아닌지(사실인지 혹은 의견인지) 확인을 해야만 하는 것은 자명하다. 잘 이해가 안 된다면 지금 당장 두 종류의 신문을 사서 정치면을 들여다보라. A신문사와 B신문사가 똑같은 사건을 두고도 서로 다른 견해를 펼치는 것을 쉽게 확인할 수 있을 것이다. 잘 읽어보면 이런 기사는 '사실'과 '의견'이 50 : 50인 경우가 허다한데, 생각의 힘이 약하면 이런 기사 내용에 쉽사리 선동되어 가벼운 사람으로 취급 받기 쉽다. 세상을 살아가는 데 있어 PBL의 1단계사실도출만 잘해도 어디서 큰 실수는 하지 않는 신중한 사람이 될 수 있다.

PBL의 다음 과정(2단계)은 **'사실에서 문제를 끄집어내서' 인식하는 단계**이다. 그림(PBL의 진행 단계)의 2단계에서 볼 수 있듯이 1단계에서 의견(A, B)을 떼어낸 '사실'이라는 상자는 좀 더 엄밀히 말해서 '단순사실'과 '문제'가 섞여 있는 복합체라고 볼 수 있다. 예를 들어 "서울의 오늘 낮 최고 기온이 40℃였다."가 사실에 해당된다면 이것은 "서울의 오늘 낮 최고 기온이 40℃"라는 단순 사실과 "낮 기온 40℃"라는 기상학적 문제가 결합된 것으로 볼 수 있다. 문장을 명확히 이해하려면 사실에서 문제를 끄집어내는 작업이 추가적으로 요구되는 것이다.

좀 더 요약해 설명하면 PBL의 1, 2단계는 모두 문제인식 단계이고, 문제인식 단계는 '사실'과 '의견'을 구분하는 것(1단계)과 '사실'에서 어떤 '문제(점)'를 추출하는 것(2단계)으로 구성되어 있다는 말이다. 이때 흥미로운 점은 학생이 어떤 관점을 가지느냐에 따라 문제인식이 달라질 수 있다는 점이다. 그림(PBL의 진행 단계)의

2단계를 함께 살펴보자. 똑같은 모양의 상자라 할지라도 C 관점에서는 문제 1, 3, 5가 도출되지만, D 관점에서는 문제 2, 4, 6이 도출될 수 있는 것이다. 만약 위의 예시를 확장해, "어제 낮 최고 기온이 40℃였다. 그래서 열사병 환자가 다섯 명 발생했다."와 같은 사실이 있다고 할 때, 기상학적 관점에서는 "낮 기온이 40℃"가 '문제'가 되지만, 의학적 관점에서는 "열사병 환자가 다섯 명 발생했다"가 '문제'가 되는 셈이다.

더 재미있는 점은, 똑같은 상황[사실]이라고 하더라도 한 학생은 기상학적 관점에서 문제를 발견하고 다른 학생은 의학적 문제를 발견했다면 최악의 경우 결론에 이르러서는 서로 정반대의 의견을 제기할 수조차 있다는 것이다. 이런 이유로 PBL의 문제인식 단계에서는 반드시 자신과 상대방이 같은 관점에서 문제를 인식하고 있는지 서로의 생각을 확인하는 작업이 필수적으로 요구된다. 만약 이 작업을 제대로 하지 않고 나중에 결론이 서로 다르다고 싸우게 된다면 소 잃고 외양간 고치는 격이 된다

사실 앞서 그림(PBL의 진행 단계, p. 112)의 1단계에서 분리해낸 누군가의 '의견 A'나 '의견 B'라는 것도 따지고 보면 누군가의 관점에서 바라본 '문제점'이다. 조금 과장 같지만 필자는 언론의 정체를 '사실'에 '의견'을 교묘하게 뒤섞어 여론을 조작하는 권력

장치라고까지 생각한다. 물론 언론계에 종사하는 분들이 이런 말을 들으면 길길이 뛰면서 무슨 망발이냐고 난리를 피우시겠지만, 필자가 모든 언론이 그렇다고 주장하는 것은 아니다. 다만 우리나라처럼 언론이 무한대의 표현의 자유를 누리고 있는 민주주의 국가에서는 국민 개개인 모두가 이 '문제인식' 단계에 익숙해져야만 한다는 점을 지적하고 싶은 것이다. 모든 국민들이 날카로운 비판력을 가지고 언론을 접하게 되는 그날, 말 그대로 '비판적 읽기Critical Reading'를 할 수 있는 그날이 되면 일부 언론들도 정신을 차릴 것이 틀림없다.

PBL의 3단계 과정은 '가설 세우기'이다. 이것은 그림(생각이 자라나오는 교실, p. 41)의 '고깔모자'처럼 혹은 그림(생각의 탑 쌓기, p. 56)에 등장하는 A학생의 '생각의 탑'처럼 학생 스스로 자신의 생각을 만드는 과정을 의미한다. 쉽게 설명해 전 단계(2단계)에서 도출한 문제의 원인에 대해 학생들 각자가 가설을 세워 자기 의견자기가 만든 생각의 탑을 제시하는 것이다.잘 이해가 안 간다면 그림(PBL의 진행 단계, p. 112)의 3단계 그림 참조 보통 PBL에 참여한 학생이 6~8명이 되므로 학생마다 1~2개의 아이디어를 내놓는다면 열대여섯 개의 생각의 탑이 세워질 수도 있다. 이때 튜터는 일단 학생들의 다양한 가설을 부정하지 않고 넘어가는 것이 중요하다. 학생들의 머릿속에서 갓 태어난 '생각'이란 것은 아직 갓난아이 수준인 것이기 때문에 작은 충격에도 쉽게 목숨을 잃을 수 있다. 따라서 이 '생각'이라는 갓난아이가 스스로 걷고 뛰어다닐 때까지는 될 수 있으면 비판을 가하지 않고 놔두는 것이 현명한 일이다. 그래야 나중에 진실이 밝혀졌을 때 즉, PBL 수업이 끝났을 때, 학생들 스스로 자기가 생각의 탑을 쌓는 도중에 어떤 오류를 범했는지를 자연스럽게 깨달을 수가 있는 것이다.

PBL의 4단계는 'Learning Issue를 도출'하는 단계로 학생들은 스스로 자신이 모르는 부분을 공동 혹은 각자의 숙제로 결정하고 다음 시간까지 이것을 조사해 발표한다. PBL의 주제가 대개는 학생들이 아직 배우지 않은 영역을 대상으로 하기 때문에, 학생들은 토론을 진행하면서 자연스럽게 지식의 부족을 느끼게 된다. 이때 부족한 내용이 무엇이냐에 따라 그 즉시 해결하거나 선생님이 해결의 실마리를 제시하거나, 학생들 스스로 인터넷에서 필요한 정보를 찾거나 혹은 Learning Issue로 넘겨 숙제로 삼게 된다. 교육학적인 관점으로 보면 'self learning'에 해당될 수 있겠다. 요즘처럼 지식이 급격히 팽창하는 정보화 사회에서는 학교에서 지식을 가르치는 데 한계가 있기 때문에 이런 self learning의 습관은 매우 중요하다. PBL은 이런 부분에서도 유용성이 뛰어나다.

이런 식으로 '사실도출 → 문제인식 → 가설 세우기 → Learning Issue 도출'이라는 흐름 원칙에 따라 토론이 진행되면 한 사이클이

PBL 예시

끝난다. 그러면 튜터는 앞서 제시한 상황에 이어지는 새로운 상황을 학생들에게 제시함으로써 두 번째 토론을 유도한다. 이런 방식으로 한 번의 만남에 2~3개의 연속된 '상황'을 학생들에게 제시하고 토론을 유도하는 독특한 수업이 PBL이다. 통상 튜터와 학생은 세 번을 만나게 되는데, 각 만남 사이에 3일 정도의 간격을 두는 것이 이상적이다. 학생들이 Learning Issue를 공부할 수 있는 시간을 주는 것이다. 다시 요약하면 PBL은 각 만남마다 2~3차례의 상황이 제시될 수 있도록 학생들에게 정보를 제공하는 단계적 토론 수업이라고 할 수 있다.

물론 PBL 이외에도 '생각의 힘'을 기르는 교육법은 얼마든지 있을 수 있다. 필자가 굳이 PBL을 강조하는 이유는 공교롭게도로 필자가 의과대학에만 몸을 담고 있어서 다른 분야에서 시행되는 교육 방식에 무지하기 때문이다. 만약 독자들 중에서 더 좋은 방법을 알고 계신 분이 있다면 제발 필자에게 알려주시라. 필자는 지금 이 순간에도 학생들의 생각의 힘을 키울 수 있는 더 나은 방법은 무엇인지 고민하고 있는 사람이다.

하지만 필자는 수년간 의과대학 학생들에 PBL 수업을 적용해 보면서 그 효과를 확실히 깨달았으며 특히 모든 튜터가 척척박사일 필요가 없다는 사실에 매료되었다. 앞서 설명 드렸듯이 PBL

에서 튜터의 역할은 학생들의 토론을 돕는 촉진자의 역할이면 충분하기 때문이다. 그러나 역설적으로 PBL은 튜터가 누구냐에 따라 성패가 갈리는 수업이기도 하다. 튜터가 모든 것을 알아야 할 필요는 없지만, 촉진자로서의 역할을 수행하지 못하거나 혹은 아예 모든 것을 가르치려 한다면 실패하게 되는 수업이라고 할 수 있다.

실제로 의과대학에서 PBL 수업을 진행하다 보면 학생들이 스스로 생각하는 과정의 지루함을 못 견디고 아예 칠판에다 판서를 해가면서 해당 주제를 강의하는 교수님들이 더러 있다. 이것은 PBL 수업을 단순한 지식 전달형 교육으로 전락시키는 무책임한 행동이며, 이런 방식으로는 의과대학생들의 생각의 힘이 제대로 길러질 수 없다. 이런 기형적인 PBL 수업 방식으로 공부한 학생들은 '생각의 힘'이 약하기 때문에 병원에서 실제 환자를 만날 때 수업 시간에 배운 것과 똑같은 환자를 만나지 않는 이상은 자신이 알고 있는 의학 지식을 활용해서 진단과 치료를 추론할 수 없는 반쪽짜리 의사가 되고 만다.

물론 우리나라가 후진국이었을 때는 그런 교육 방식이 최선의 방법이었을 것이다. 당시의 훌륭한 선생님이란 선진국의 발달한 문물, 과학지식 등을 경험한 뒤 이것을 아주 간결하게 요약해서 학생들에게 전수해 주는 자였으니까 말이다. 그러나 지금은 21세기이다. 선생님이라면 누구나 창의력을 갖춘 인재를 양성해야 하는 책무를 지고 있는 것이다. 따라서 이제부터라도 우리나라의 선생님들은 자신의 역할을 학생들에게 단순한 '지식'이나 '정보'를 가르치는 것으로 한정해선 안 된다. '학원에서 다 배웠기 때문에 더는 가르칠 것이 없다'며 자조해선 안 된다는 말씀이다. 학생들이 '스스로 생각하는 힘'을 기를 수 있도록 돕는 것이 선생님의 역할이다. 그래야 이 나라의 교육이 바로 선다.

모든 PBL의 튜터는 스스로 좋은 튜터가 되도록 훈련해야만 한다. 좋은 튜터란 학생들에게 애정과 관심을 가져야 함은 물론, 학생들이 스스로 자신만의 '생각의 탑'을 쌓을 수 있도록 배려해 주는 사람을 의미한다. 따라서 당연히 PBL 튜터라면 필자가 제시하는 생각의 힘은 개념은 물론 생각의 높이뛰기에 관계하는 모든 메커니즘을 이해하고 있어야 하겠다.

선생님은 단순한 PBL의 튜터이자, 촉진자로서 학생들의 호기심을 자극하고, 학생 스스로 이치를 깨닫도록 돕는 역할만 해야 한다. 그럼으로써 학생들의 '창의성'을 훼손시키지 않을 수 있다. 쓸데없는 선생님의 간섭을 절반으로만 줄여도 학생들의 창의성은 무럭무럭 자랄 것이라고 필자는 확신한다.

맺음말

독자 여러분도 '냄비정신'이나 '빨리빨리 정신'에 대해서 들어봤을 것이다. 어떤 사람들은 이 둘이 서로 같은 것이라고 말하지만 필자의 생각은 다르다. 이 '빨리빨리 정신'은 무구한 역사와 문화적 전통을 자랑하는 우리 선조들의 DNA가 일제 강점기와 6·25 전쟁에서 비롯된 가난하고 궁핍한 현실을 타개하기 위해 자연스레 발현된 것으로서 우리의 피에 내재된 민족성의 일종이라고 생각한다. 반면에 '냄비정신'은 지나치게 유학에 매몰된 조선시대 교육이 국민 개개인의 '생각의 힘'을 키우는 데 실패해서 생겨난 폐단이다. 생각의 힘이 약하니 남의 생각에 쉽게 동조해 버린 것이다. 조금 극단적인 표현을 한다면 교육의 실패로 말미암아 조선시대 국민의 '생각의 힘'이 부족했고, 이 때문에 나라까지 빼앗기는 수모를 당한 것이다.

물론 총칼을 앞세운 일제의 무력에 어쩔 수 없이 굴복한 것이긴 하지만, 일제 강점기가 도래하기 수십 년 전부터 실학정신을 앞세우며 신분제도의 타파와 개혁과 개방을 부르짖었던 속칭 '생각의 힘'이 강한 선각자들도 여러 분 계셨다. 역사에 가정은 없다지만 만약 조선의 임금이 이들의 나라와 민족을 사랑하는 애국심을 제대로 읽었다면, 백성들이 나라를 지킬 만한 생각의 힘을 지녔다면 조선의 역사는 아직까지 이어졌을지도 모르는 일이고, 어쩌면 우리에게 '냄비정신'이란 자조 섞인 별명이 붙지도 않았을 것이다.

불행하게도 지금까지 우리나라 학교 선생님들은 학생들에게 '생각의 힘'을 길러주는 훌륭한 스승이 되기보다는 '질문을 던지고 3초 만에 답을 누설하는 방식'을 통해 본인 스스로를 아는 것 많고 똑똑한 선생님으로 보이고 싶은 분이 많았던 것 같다. 그렇기 때문에 '학원에서 다 배웠기 때문에 학교에서 가르칠 것이 없어요'라는 울분을 토로할 수 있었지 않았나 생각이 들기도 하는데, 뒤집어 생각하면 지금까지 학교의 교육이 '생각의 힘'을 길러주는 것보다는 단순한 '지식' 전달에 치중했지 않았나 하는 반증이라는 생각도 든다. 물론 필자가 강조하는 이런 교육의 문제는 일선 학교에서 묵묵히 학생을 가르치는 선생님만의 문제가 아니라, 이 나라 교육의 백년대계를 책임지고 있는 분이 풀어야 할 숙제이다. 여기에 필자의 간절한 바람이 있다면 우리 대한민국이 국민들의 '생각의 힘'을 기르지 못했던 조선의 과오를 되풀이하지 않았으면 하는 것, 오직 그 하나뿐이다.

원래 '생각'이라는 것은 손에 잡히지 않는 무형의 물질이다. 무형의 물질을 '힘'이라는 단어와 연관 짓는 것이 처음에는 어색하게 들릴 수 있다. 흔히 '힘'하면 울퉁불퉁한 근육질 몸매나 육중한 엔진을 떠올리기 쉽기 때문이다. 하지만 이제 발상의 전환이 필요하다. '생각의 힘'을 인식해야 하며, 우리나라 학생들이 창의성을 잃지 않도록, 세심한 배려를 기울여야 하며, 학생들이 생각의 힘을 기를 수 있도록 도와야 한다. 그것이 바로 학생들의 창의력을 키우는 일이다.

앞으로는 창의력 있는 인재가 각광받는 시대이다. 대한민국의 미래는 창의력 있는 인재와 그 인재를 길러낼 수 있는 교육에 달려 있다고 해도 과언이 아니다. 교육이 올바로 서야 하며, 그 근본은 학교가 지식 전달의 장소가 아니라 학생 스스로 '생각의 힘'을 기를 수 있도록 돕는 도장의 역할을 해야만 이루어질 수 있다. 학생들의 '생각의 힘'을 기르는 교육, 학생들의 '창의성'을 훼손시키지 않는 교육, 그런 교육이 바로 지금 이 순간 우리에게 가장 절실히 요구되고 있는 것이다.

2012년 3월 18일 이촌동에서

강석훈

부록 (PBL의 예)

그럼 지금부터 PBL의 진행이 어떻게 되는지 한 번 실례를 들어 보자. 아래 예시는 필자가 만든 PBL 자료이다. 대체적으로 이런 방식으로 PBL 진행되는 것이라는 데 어느 정도 감을 잡을 수 있을 것이다. 추가로 학생들에게 항상 하는 말이지만, 튜터가 제시하는 문제인식이나 가설이 항상 옳은 것은 아니다. 학생의 입장에서는 선생님의 지적을 받기 전에 먼저 자기 스스로 깊이 생각하고, 본인만의 창의성을 발휘한 생각의 탑을 쌓길 바란다. 그래야 학생 스스로 생각하는 힘이 길러진다.

PBL은 과정은 이렇다. 우선 첫 만남에서 튜터는 학생들끼리 서먹하지 않도록 배려하면서 학생들이 자발적으로 사회자, 서기를 뽑아 스스로 토론할 수 있도록 도와준다는 원칙을 확인한다. 준비가 끝나면 튜터는 학생들에게 Part 1(흔히 A4용지 한 장)을 건넨다. (이것으로 Part 1이 시작된다.) 이때부터 튜터는 할 일이 없다. 학생들은 단순히 '사실도출 → 문제인식 → 가설 세우기 → Learning Issue 도출'의 순서에 따라 자기들끼리 토론을 진행하면 되고, 이러면 한 사이클이 끝난다. 튜터는 그저 학생들이 PBL 형식에 맞게 토론을 하고 있는지, 모든 학생이 골고루 발언을 하는지 정도만 체크하면 된다. 튜터는 주제를 너무 크게 벗어나지만 않는다면 될 수 있으면 학생 스스로 자유롭고 다양한 의견을 낼 수 있도록 침묵을 지키는 것이 좋다. 그래야 학생들이 최대한으로 생각의 힘을 발휘할 수 있기 때문이다.

첫 번째 사이클 끝나면 튜터는 학생들에게 Part 2를 건넴으로써 두 번째 사이클을 유도한다. 같은 방식으로 두 번째 토론도 끝나면 튜터는 마지막으로 학생들에게 Part 3를 건네 토론을 마무리 하면 된다. 대개는 Part 3까지 진행되지만 Part 2에서도 종결되는 경우도 많은데, 이는 전적으로 각 Part에 문제 상황이 얼마나 많이 숨겨져 있느냐에 달려 있다. 흔히 의과대학에서 이루어지는 PBL은 한 번의 만남 동안 2~3개의 토론 사이클이 돌아가며, 보통은 세 번의 만남 동안에 한 개의 질병 주제를 다루는 방식으로 구성된다.

PBL의 예시

첫 만남

튜터가 학생들에게 Part 1이 적힌 종이를 건네면, 학생들 사이에서는 자유로운 토론이 벌어진다.

Part 1

철수가 아침에 일어나 학교 갈 준비를 하고 있다. 라디오를 켜니 어제 낮 최고 기온은 40℃였으며 전국적으로 열사병 환자가 다섯 명이 발생했다는 뉴스가 흘러나온다. 철수는 날씨가 더울 것을 예상하고 반팔 티셔츠를 입었다.

철수가 막 집을 나서려는데, 엄마는 비가 올 거라며 우산을 챙겨 주었다. 철수는 엄마가 라디오 뉴스를 듣지 않았을 것이라고 판단하고 "오늘 날씨가 얼마나 더울 텐데! 난 필요 없어요!"라고 소리치며 집을 뛰쳐나왔다. 엄마는 화가 머리끝까지 난 목소리로 "비를 맞으면 네 책임이야!" 하며 버럭 소리를 질렀다.

사실

1. 철수가 아침에 일어나 학교 갈 준비를 하고 있다.
2. 어제 낮 최고 기온은 40℃였다.
3. 전국적으로 열사병 환자가 다섯 명 발생했다.
4. 철수는 날씨가 더울 것을 예상하고 반팔을 입었다.
5. 엄마는 비가 올 거라며 우산을 챙겨 주었다.
6. 철수는 엄마가 건네는 우산을 받지 않았고 집을 뛰쳐나왔다.
7. 철수는 엄마가 라디오 뉴스를 듣지 않았다고 판단했다.
8. 엄마는 "비를 맞으면 네 책임이야!" 하며 버럭 소리를 질렀다.

문제

#1. (기상학적) 어제 낮 최고 기온은 40℃였다.

#2. (의학적) 전국적으로 열사병 환자가 다섯 명 발생했다.

#3. (객관적) 철수는 날씨가 더울 것을 예상하는데 엄마는 비가 올 거라고 생각하고 있다.

#4. (엄마 입장) 엄마는 화가 머리끝까지 났다.

가설 (문제와 관련된 가설을 세우는 것이다!)

문제 #1 ⇒ 어제 낮 기온이 40℃이므로 오늘도 무척 더울 것이다.(학생 1)

문제 #2 ⇒ 어제 낮 기온이 40℃였으므로 열사병 환자가 다섯 명이나 발생했을 것이다. 날씨가 39℃만 되었어도 환자는 전혀 발생하지 않았을 것이다.(학생 2)

문제 #2 ⇒ 어제 낮 기온이 40℃이었지만 열사병 환자가 다섯 명밖에 발생하지 않은 것이다. 날씨가 39℃였다고 해도 열사병 환자가 다섯 명은 발생했을 것이다.(학생 3)

문제 #3 ⇒ 철수는 뉴스를 보고 날씨가 더울 것을 '예상'했지만 엄마는 직관적으로 소나기가 내릴 것을 감지하고 있었다.(학생 4)

문제 #3 ⇒ 어제 낮 기온이 40℃였던 장소와 철수가 사는 장소가 다를 것이다. 그래서 철수와 엄마 간에 의견

충돌이 생겼다. (예: 울산의 어제 낮 기온이 40℃였고, 철수가 사는 곳은 서울일 경우) (학생 5)

문제 #3 ⇒ 오히려 철수가 라디오 뉴스를 끝까지 듣지 않았을 것이다. 라디오에서는 소나기가 올 거라고 추가 예보했을 것이다.(학생 1)

문제 #4 ⇒ 엄마는 철수가 자신을 무시했다고 생각하고 있다.(학생 1)

문제 #4 ⇒ 엄마는 철수가 집에 올 때 비를 쫄쫄 맞고 올 것에 대해 미리 화가 나 있다.(학생 2)

문제 #4 ⇒ 철수는 고집이 세고 엄마의 의견을 항상 듣지 않는 아이이다.(학생 3)

문제 #4 ⇒ 철수는 고집이 세지 않고 엄마의 의견을 잘 따르는 아이이다. 그러나 오늘만은 엄마가 라디오 뉴스를 듣지 않았다고 판단했다.(학생 4)

문제 #4 ⇒ 철수는 엄마의 의견을 잘 따르는 아이지만 고집은 세다.(학생 5)

Learning Issue 도출 (숙제를 정하는 단계이다)

1. 열사병의 정의, 잘 생기는 기온에 대한 조사
2. 과거에 서울과 울산의 낮 최고 기온이 40℃인 경우가 있었는지 확인, 그때 열사병이 발생했었는지 확인
3. 낮 기온이 높을 때 소나기가 오는 이유에 대한 조사

Part 1을 통해 학생들이 Learning Issue 도출까지 도달하면, 튜터는 학생들에게 Part 2가 적힌 종이를 건네며, 이로써 다시 자유로운 토론이 벌어진다.

Part 2

철수가 학교에 도착했다.
1교시가 끝나면서 날씨는 무척 더워졌고 에어컨을 켜야만 수업을 할 수 있었다. 학생들은 대부분 반팔 셔츠를 입고 왔다. 철수는 엄마의 말을 듣지 않기를 잘 했다는 생각이 들었다.

그런데 점심시간부터 하늘에 먹구름이 모이기 시작하더니 집에 돌아갈 무렵부터는 연필심 같은 굵은 장대비가 쏟아지기 시작했다. 학생들은 가방에서 미리 준비한 우산을 꺼내 들었고, 철수는 '아침에 엄마 말을 들을 걸' 하고 후회하기 시작했다.

사실

1. 날씨는 무척 더워졌고 에어컨을 켜야만 수업을 할 수 있었다.
2. 학생들은 대부분 반팔 셔츠를 입고 왔다.
3. 점심시간부터 하늘에 먹구름이 모이기 시작했다.
4. 오후부터 연필심 같은 굵은 장대비가 쏟아지기 시작했다.
5. 다른 학생들은 우산을 가져왔고 철수는 가져오지 않았다.

문제

#1. 날씨가 변덕을 부리고 있다.

#2. 철수는 비를 쫄딱 맞을 예정이다.

가설 (문제와 관련된 가설을 세우는 것이다!)

문제 #1 ⇒ 여름철 장마가 시작되는 것이다.

문제 #1 ⇒ 일시적인 날씨 변화이다.

문제 #2 ⇒ 엄마 말을 무시한 철수의 잘못이다.

문제 #2 ⇒ 끝까지 우산을 챙겨 주지 못한 엄마의 잘못이다.

Learning Issue 도출 (숙제를 정하는 단계이다)

1. 여름철 장마에 대한 조사
2. 장마와 소나기의 차이에 대한 조사